ANDRÉ KOSTOLANY

一个投机者的告白

实战版

安纳金 ◎ 著

Die Kunst über Geld nachzudenken

浙江人民出版社

图书在版编目（CIP）数据

一个投机者的告白：实战版 / 安纳金著. — 杭州：浙江人民出版社，2020.5（2022.12重印）

ISBN 978-7-213-09625-9

Ⅰ.①一… Ⅱ.①安… Ⅲ.①金融投资—基本知识 Ⅳ.①F830.59

中国版本图书馆CIP数据核字（2020）第009613号

浙江省版权局
著作权合同登记章
图字：11-2019-240 号

一个投机者的告白·实战版

安纳金 著

出版发行：浙江人民出版社（杭州市体育场路 347 号 邮编：310006）

市场部电话：（0571）85061682 85176516

责任编辑：朱丽芳 何英娇

营销编辑：陈雯怡 赵 娜 陈芊如

责任校对：朱 妍

责任印务：刘彭年

封面设计：元明设计

电脑制版：北京唐人佳悦文化传播有限公司

印　　刷：杭州宏雅印刷有限公司

开　　本：710 毫米 ×1000 毫米　1/16　印　　张：15.5

字　　数：137 千字　　　　　　　　　插　　页：1

版　　次：2020 年 5 月第 1 版　　　　印　　次：2022 年 12 月第 3 次印刷

书　　号：ISBN 978-7-213-09625-9

定　　价：58.00 元

目录
Contents

第 8 章　股市的背景音乐

第 9 章　暴涨和崩盘是分不开的搭档

第 10 章　投机家的交易原则

解读科斯托拉尼的最佳著作

大家对 2008 年的金融海啸应该还记忆犹新，当时全球股市都出现急挫的走势，记得我曾持有的两只小盘股，在那段时间跌了五至六成，市场恐慌气氛浓厚，有些人被吓得赶紧抛售所持股份，以免损失继续扩大。当时我的做法则是汰弱留强，将其中一只弱的股票卖掉，增持另一只仍有核心竞争力的股票，虽然这只股票在那段时间也跌得很惨，但我认为当未来市场反转时，这只股票应能率先走强。

果不其然，一年半后，这只股票在市场回升的过程中，让我赚了近二成的利润。这证明我当初的做法是正确的。这个例子让我深深体会到科斯托拉尼说的那句话："每当自己投机成功时，我先感到高兴的不是投机赚了钱，而是我和其他人有不同的见解，并且被证明是正确的。"

《一个投机者的告白》是德国"股神"科斯托拉尼的经典著作，而本书则是解读科斯托拉尼的最佳著作，作者融入自身经验与体会，将科斯托拉尼的投资心法运用于股票投资实战操作上，这对投资人而言，相当实用。本书所定义的成功投机家必须具备"闲钱、想法、远见、耐心、运气"等要素，与一般人所认知的在股市快进快出的投机者（比较像本书所定义的证券玩家）有所不同，这是研读本书时必须先建立的观念。

若没有闲钱和自己的想法，在股市下跌的过程中，心理压力会非常大，最后可能在市场极为悲观的氛围中被迫杀低出货；若没有耐心，也很难将好股票一直持有到其股价回升到反映基本面的时候。当然，我也不是在每次的投资活动中都能够获利，偶尔也会有投资失败的时候。其实失败并不可怕，可怕的是无法从失败中吸取教训。从每一次的失败中找出错误，从错误中学习，是成功投资的不二法门。而这也是投机家与证券玩家的差别所在。

2018年恰巧是金融海啸10周年，美国股市走了将近9年的多头行情，不断创下历史新高，同时也带动全球股市走高。在这场"狂欢派对"中，有人继续在舞池中跳舞，有人则不断警告派对随时可能结束。

本书精辟解析了科斯托拉尼的经典公式：**行情发展趋势＝货币＋心理**，当货币供给开始紧缩时，即便发展趋势仍持续向上，人们心理依旧乐观，但股市通常会在1—2年内反转向下。若投资人能深刻体会到这一点，就不难判断未来的股市行情将如何变化。美国自2015年12月已进入升息循环，自2017年10月开始缩减资产负债表，这意味着美国货币供给已趋于紧缩。另外两个主导全球货币供给的欧洲及日本央行则未开始紧缩货币供给，与美国并不同步，代表全球资金尚未进入全面紧缩的状态，全球股市或许还有表现的空间。之后若欧洲、日本央行也开始采取紧缩的货币政策，全球资金派对恐怕将告一段落，股市将有下行的风险。

作者也将"科斯托拉尼鸡蛋"运用于中国台湾地区的股市分析，并介绍许多成功投机家的交易原则。本书选在目前股市愈来愈难操作的时候出版，正可作为指引读者的一盏明灯。

谢剑平（台湾科技大学财务金融所教授）

道与技的双剑合璧

所谓"传道不传技",意味着观念、方向和心法的习得,比技巧的钻研更重要。科斯托拉尼创作的《一个投机者的告白》《金钱游戏》及《大投机家的证券心理学》等著作,传的就是道,他很少谈及具体选股操作技巧。但这种择时选股的主动投资操作,原本就比买下一揽子指数基金的被动投资来得困难。

你决定采取主动投资策略了吗?你确定你的个性适合吗?

如果是,那么除了科老在道上引领你,谁又可以在道上再次提醒你,在技的操作上为你说明和示意,让空军(期货)和陆军(股票)的协防作战可以成为一体?让你在道与技的学习上双剑合璧?本书的作者是少数可以称职扮演好此角色的人。

对于科斯托拉尼的《一个投机者的告白》，我在编写投资教材时第三遍阅读它。前两遍是看了即过，这次需要在字里行间找寻学员可受益的观点，才发现，之前在很多投资大师那里摘录的重点，多数也出现在了这本书上。回想自己曾摔过这么多跤、烙上这么多印记，竟然都能在这本书中找到对应的智慧和经验，不禁感慨：知识是力量，也是财富，诚不为过！

比如，科老谈了不少投机，但也说了更多的投资。看书名会误以为他会捍卫"投机为最佳获利"的言论。事实不然，他晚年已加入投资者行列，而且他把投资者分成两类：固执的和犹豫的，他认为丰硕获利的胜利者属于固执的投资者。古人所说的择善固执，在投资中竟然也适用。

固执的投资者具备四个特质，即金钱、想法、耐心和运气（他在文末又加了一个信念）：

1. 有钱。其实他指的并不一定是高额的金钱，而是这笔钱不急用。

2. 有想法。且不论这个想法正确或错误，重要的是三思而行，要有想象力，投资者必须相信自己的想法，如果已定下战略，就不可因当时的气氛而改变初衷，否则再天才的思想也帮不上忙。（所以他加了第五项要素：信念。）

3. 有耐心。为什么多数人没有耐心？如果你没有想法，那么你就耐不住股市的寂寞和无聊，想到的全是一夜致富的招数。

4. 运气。

5. 信念。他在最后强调必须要有信念，信念当然比想法更强烈，更能让人坚持和耐"风寒"了！

在现实中，这个逻辑思考方法是这样连锁反应的：投资者如果缺少资金或有债务，就不可能有耐心；投资者如果没有想法，就不会有策略；没有策略，也不会有耐心，只会受情绪的支配而随众人起舞；如果本来就没有耐心，那么金钱和想法对投资者也不会有任何帮助。这五项要素，金钱、想法、耐心、运气和信念，环环相扣。

这让我想起了投资该思考的三件事：一是要有投资哲学；二是要研发出投资策略；三是要有纪律。这三件事情其实也是环环相扣、息息相关的。

你不一定要在投资的道路上跌跌撞撞，付出高昂的学费，因为金钱买不到岁月，但经验必须在岁月中积累。这一本书，如果能够指引或巩固你正确的投资哲学，且让你在技的方面有所提升，将有助于你在投资策略的执行方面更加精准，那么加上有纪律，就会水到渠成。如果能够做到以上这三件事，你就已经迈入赢家的行列！

阙又上（美国又上成长基金经理人、财经作家）

投资者关注事物的本质，投机者关注人性的本质

在进入投资市场的第一年，我对市场充满了好奇，总想从每一本有关投资的书中找到投资获利的关键，而《一个投机者的告白》正好是我那时接触到的一本书。有趣的是，这本书中的每一个故事我都看得懂，也大概知道科斯托拉尼这位德国股神想传递的理念，但看完后我还是不知道该怎么操作。比如著名的"科斯托拉尼鸡蛋"，分辨不同的景气循环后判断现状与趋势，观点我都理解，但在实际操作时，我并不知道应该根据哪些明确的指标进行判断，毕竟这属于投机的艺术。

即使不知道具体的操作方法，《一个投机者的告白》依然给当年

的我很大的启发，打破了很多既有的观念。比如，教科书和商学院课程一直强调市场有效率，股价反映企业实际价值，还因此衍生出许多理论。但科斯托拉尼否定了这一说法，他说："股价永远不会等于公司实际价值，否则就不会有证券交易所了。"意思是，根据实际观察，即使再好的股票，在趋势下跌时其价格顶多与企业实际价值持平，甚至大多数会低于企业实际价值，股票价格并没有真正反映企业的价值。这个观点与价值投资者相同，但他们的做法却不一样。价值投资是假设股价终将回归真实价值，因此在股价低于合理价值时买进。科斯托拉尼则是认为，无论观察价格还是观察价值，实际上都没办法真正对未来股价做出预测，获利关键是判断当下的趋势。

那么，趋势要如何判断？他说："行情发展趋势＝货币＋心理。要从更宏观的角度来看待长期趋势。"这就是投机者与投资者的差异：投资者关注事物的本质，而投机者更关注人性的本质。货币具体来说是什么？在这本书中，安纳金补充了许多科斯托拉尼未谈到的观念细节，让读者在阅读故事与观念之余，也能实际应用科斯托拉尼的智慧。本书从总体经济的货币供给来看各国央行的货币政策是如何影响债市、股市、房地产及原物料市场的。

大多数投资人最常问的问题是，"现在可不可以买""应该买哪一只股票"。这些问题背后有许多没说出来的潜台词：买了以后就会持续上涨,不会下跌。他们往往觉得有一个"最佳的时机点",通常指的是买在最低处,或是买在起涨点。但观察 K 线图就会发现,所谓的最低点或起涨点,只是股市漫长时间轴上的"昙花一现",就概率而言,人们很难 100% 准确地抓住这些点。

但从趋势判断的观点来看,其实只要趋势对了,不需要起涨点,过程中的每个进场点几乎都可能帮你带来盈利。也许获利金额比率有所差异,但因为趋势往往有很长的延续性,盈利并不困难。

因此,从趋势的变化中,也可以进一步观察市场所处的阶段,并借此调整投入的资金比重。为什么不是全部买进或全部卖出,而是调整比重?原因也是因为我们无法 100% 预测时机点。但长期而言,市场是以多头为主的,做空获利并不容易。人们往往恐惧空头来临,实际上错过多头对于报酬率的惩罚往往来得更严重。

趋势会延续,除了资金面还包含心理面。这与物极必反的逻辑刚好相反。作者安纳金提到,在股市中较特有的一个现象是,当一个明显的市场趋势产生之后,它会强化人们的投资信心,因而促使人们更勇于投资,进而让原本的趋势加以延续,这也就是股价趋势的惯性。

正因为趋势有一部分由投资人的心理面所形成,因此我们自己的心理状态,很大程度会影响投资与投机的成果。科斯托拉尼说:

"我常去证券交易所，因为其他地方都不像这里，能看到这么多傻瓜。并不是我对傻瓜感兴趣，而是为了进行和他们截然不同的操作。"这也是为什么投资要用闲钱、避免过度使用杠杆。原因是，一旦自己有了情绪，你就很容易成为市场趋势的一部分，而且通常是被牺牲的那一部分。

许多人误以为多头趋势就是买的人很多，其实这个观点并不完全正确，任何市场成交一定都存在着买方与卖方。科斯托拉尼说："小麦跌时，没有买小麦的人；小麦涨时，没有小麦。"趋势的判断实际上必须要考虑量能的变化，很多时候量大反而是重要的出场信号。

最后推荐这本书给你，建议你可以先读科斯托拉尼的《一个投机者的告白》系列三本书，并把疑问记录下来，那么在阅读这本书时你会更有收获。

Mr.Market（《商业周刊》、财富网专栏作家）

百年智慧，经典重现

我和科斯托拉尼之间的不解之缘要从 2001 年说起，当时经历过 2000 年科技股泡沫，全球经济明显衰退，全球股市一片惨跌，中国台湾地区的股指从 2000 年 2 月高点 10 393 点，跌到 2001 年 9 月最低点 3 411 点，跌掉了 67%，这仅是大盘指数的跌幅，当时有许多中小型电子股的股价跌幅甚至高达 95%—99%，股市哀鸿遍野，个人投资者也无法独善其身。

2000 年科技泡沫后，一直到 2002 年，投资理财类的书籍寥寥，很少再有新书上市，就算有，台湾地区的股民在历经惨赔之后，对于阅读这类书籍也显得意兴阑珊。毕竟，全球股市从 1990 年到 2000

年走了 10 年的大多头行情，人们所见所闻、所学所用，都是多头时期的，而真正步入大空头市场之后，人们的心理屡遭挫折打击，仿佛以前所学的观念和所用的方法一夕间全都错了。在无法确定什么才是对的之前，谁还能再有勇气踏进股市这片绝望的沙漠呢？

我是在 2001 年底这样的时空背景下接触到了科斯托拉尼的遗作《一个投机者的告白》的，当时他已经离世两年，这是他生前的最后一部作品。细细品味与理解这部大作的过程中，我因参透其意而深觉震撼与感恩，科斯托拉尼的智慧跨越时空，使我脑袋里对于空头市场的纠结，纷纷获解。比如，他说："这是个永恒的法则：每次证券市场中的崩盘和溃散都以暴涨为前导，而每一次的暴涨都以崩盘收尾。证券市场 400 年来的历史便是由一连串暴涨和灾难交织而成的。"

互联网泡沫破灭只是压垮骆驼的最后一根稻草，1990—2000 年全球股市暴涨的盛况本身已经种下了日后崩盘的祸因，花时间去探究每一次崩盘的最后一根稻草，是徒然无用的。"暴涨和崩盘是分不开的搭档"这个原则，在回顾百年来历史时可以得到验证，并且它是适用于任何一个市场的真知灼见。事实上，无论是股票市场、债券市场、外汇市场、能源及原物料市场，还是房地产市场，都遵循这恒久不变的模式。

科斯托拉尼的《一个投机者的告白》中还有许许多多受到广大投资人喜爱、时常被引用的智慧语录。比如,"经济发展和股市的关系有如一个男子带着狗在街上散步,像所有的狗一样,这只狗先跑到前面,再回到主人身边;接着,狗又跑到前面,看到自己跑得太远,再折回来。最后,他俩同时抵达终点,男子悠闲地走了1公里,而狗则来来回回走了4公里——男子就是经济,狗则是证券市场"。这个真知灼见已经内化成为我个人交易的基本逻辑之一。

科斯托拉尼使用的市场分析方法,并不是以一般散户所认知的短线投机交易者在看的技术指标、K线图为主,而是以与总体经济面相关的数据为主。事实上,科斯托拉尼并不认同技术分析可以帮助投资人获利,他认为最好的看盘周期以"周"为单位,以趋势作为进退依据,并非每天随着市场涨跌的群众心理高低起伏而起舞。这和我常说的"潮汐大过波浪,又大过涟漪"的道理相通。也相近于"要学会开车不能一直盯着方向盘,而是要把眼光放到眼前300米距离处"的感悟,这又与科斯托拉尼的"投机家是有远见的战略家,要将眼光放到趋势分析上,而不是盯着盘面上的股价跳动"有着如出一辙、异曲同工之妙。

科斯托拉尼提出了一个极为经典的行情分析公式:行情趋势＝货币＋心理。这个概念让我运用在分析全世界大多数的股市、债市、黄金、能源、房价等领域时，能够八九不离十地了然于胸。资金等于货币供给，而在极短期内投资目标供给量几乎没变的状况下，只要市场上游资金变多，那么过多的资金去追逐固定之目标，价格自然水涨船高。我也常把这个现象比喻为"潮汐"，只要全球主要央行持续的宽松货币政策没有转向，资金的潮汐就会把全球主要股市的价格向上推高。这样的判断准则帮助我在2002—2018年之间的两次景气循环周期中，在跨资产类别的资产配置上，提供了绝佳的中长期相对稳定的一套操作模式，使我受惠良多。

2018年初，《商业周刊》出版部主动与我联系，希望我为科斯托拉尼的增修版《一个投机者的告白》《一个投机者的告白之金钱游戏》《一个投机者的告白之证券心理学》三本书撰写推荐序，我雀跃欣喜的心情溢于言表。事实上，早在2001年借由阅读科斯托拉尼的书获得启发，经过十多年的内化，虽然已不记得确切的内容，然而，当我为了写上述的推荐序而重新阅读那三本书时，却屡屡在心底激荡出"天啊，就是这样"的惊喜与赞叹！因为我20多年来在金融市场上的拼搏，于血泪斑斑中所体悟出来的心得，与科斯托拉尼所传达的智慧竟是如此相近且相互辉映，这令我感动！

因此，一方面为了感激已故的科斯托拉尼在我的投资之路上扮演了极为关键的启蒙者角色，我也希望更多人能够一同学习到他的智慧；

另一方面我也希望自己可以通过重新细读《一个投机者的告白》等三本书，重温科斯托拉尼的智慧，从而让自己的投资思维能更上一层楼。于是，2018年2月底我在脸书（Facebook）成立了"《一个投机者的告白》读书会"，后来又将《投资最重要的事》《原则》等投资大师的著作一并纳入延伸阅读，因此社团名称后来调整为"读书会:《一个投机者的告白》《投资最重要的事》《原则》《高手的养成》"。至 2018 年 9 月底，该社团成立虽然只有短短 7 个月的时间，社员已经累积达到 19 000 多人，成为当时中国台湾地区最大的网络在线读书会之一。社团里深度讨论的文章累积达上百篇，几乎都是将各投资大师的智慧运用在市场上的实战心得交流分享。

而本书的主要内容，并非撷取于读书会中的研讨数据，而是我花了几个月的时间，重新把《一个投机者的告白》中的智慧运用在过去 20 年的金融市场，进行了实证，从而整合成的一本现代演绎版。

科斯托拉尼尽管年轻时曾在放空交易领域赚到大钱，然而晚年他却选择与群众为伍，在咖啡馆中，无偿为社会大众讲授投资知识与经验，并解答听众们在投资上的各种疑问，受到社会各阶层的喜爱，也为市场上成功交易者树立了一个最佳典范。他亲身证明了强者不一定是孤独的，只要愿意伸出双手拥抱世人，人生可以过得更有意义、更富足。这与我在拙作《高手的养成：股市新手必须知道的 3 个秘密》中所说的不谋而合："如果你将自己的目标设定在'我一辈子要赢多少人',或者'我一辈子要赚多少钱'上,老实说,我很少看到这些人最终是快乐的……如果你将自己的目标,设定为'我一辈子要帮助多少人',那么,这样的人生是充满喜悦、希望和满足的,每天巴不得快快起床,人生也就有意义、有成就感多了。"

北宋理学家张载留下了一句千古名言:"为天地立心,为生民立命,为往圣继绝学,为万世开太平。"现在,还有多少现代人怀抱这样的理想呢?身为投资界的一分子,今天我有幸为已离世的科斯托拉尼延续其所传递的智慧,至少,在为往圣继绝学的这条道路上,我们相遇、相知、相惜。生命苦短,岂容卑微?

愿善良、智慧与你我同在!

安纳金

第 1 章

金 钱 的 魅 力

人类对财富的追求，是千年不变的基本欲望

钱，属于狂热追求金钱的人。他必须对金钱着迷，就像被
魔法师催眠的蛇，但又必须和钱保持一定距离。一言以蔽之，
他必须疯狂爱钱，又必须冷静对待钱。

——科斯托拉尼《一个投机者的告白》

追求金钱值得称赞吗

科斯托拉尼认为,从两千多年前的古希腊哲学家亚里士多德开始至今,全世界对追求金钱这件事有诸多不同的见解,然而,毋庸讳言,对于多数想要从事投机交易的人来说,金钱绝对是主要动机。

虽然距离 2008 年金融海啸已长达 10 年之久,2018 年底,欧洲和日本仍在实施负利率政策,即便是经济复苏最明显的美国,利率水平也远不如从前。在银行存款的利率显然难以抵挡通货膨胀的同时,寻求更积极的操作提升资产的回报率,是后金融海啸时代,整体世界环境带给人们的额外压力。

然而,人类对于财富的渴望,事实上是超脱时空、千年不变的基本欲望之一。除非人类文明进化到与过去两千年来我们所知的世界截然不同的生活模式,否则,只要人性没有太大改变,这个现象就会一直延续下去。

无论基于什么原因，有些人不认为追求金钱值得称赞，然而却没有人可以不受金钱影响而安稳地生活，这也足以解释"财务自由"这四个字为何如此吸引现代人。除非免除掉经济上的压力（也就是生存的压力），人们才开始获得想做什么就做什么的自由。换句话说，财务自由才是真正自由的基础。所以我会说，**财务自由只是个开始，一个真正做自己的开始。**

成功投机家的四个要素

尽管追求金钱报酬，可以说是绝大多数投机者进入市场初期的主要动机之一，然而，随着时间的推移，部分投机家会从这个动机中超脱出来，他们从验证自己观点正确中获得的满足感，大过了对于金钱的渴望。科斯托拉尼说：**"每当自己投机成功时，我先感到高兴的，不是投机赚了钱，而是我和其他人有不同的见解，并且被证明是正确的。"**如果你对科斯托拉尼这句话有相同的感觉，那么恭喜你，你已经具备了一位成功投机家最关键的条件之一——

有想法。这也是一切成功投机的基本要素之一。本书的诸多章节，都是围绕如何为自己建立一套稳健的想法，并据此进行投机交易来阐述的。

要达到上述科斯托拉尼所说的境界，并不见得需要在技术上达到多么高超的水平，关键在于你是否拥有足够的资金来验证自己的想法，当验证自己想法对错的重要性凌驾于创造更多的资金之后，你就会享受来自投机交易的愉悦感，即便输钱，也输得很痛快。

如果你在本业获利丰硕，或者继承了足够的家产，可以作为投机交易所需的丰沛资金来源，那么你基本上就可以享受这种验证自己观点的乐趣，而不会那么在意实际上赚了多少钱了。然而，**当你不是为了建立稳定获利的操作模式而努力，纯粹只是为了感受在股市中豪赌的乐趣，那么你绝非与真正伟大的投机家们走在相同的道路上，你只是一个证券玩家而已。**这样的人并不是科斯托拉尼任何一本著作或我的著作所期待的读者。我们宁可你保住原有的本金，拿去捐给任何慈善机构，也不要你在市场中当个傻瓜，把钱输给你完全不认识的人，甚至根本不知道是谁赢走了你的钱（因为股市是匿名制交易）。这并不是怜悯你，而是同情你的家人，股市里的傻瓜已经够多了，实在不需要再多一个。

科斯托拉尼认为，**一位伟大的投机家必须具备四个要素：有金**

钱、有想法、有耐心，以及一点运气。他将这个观点写在《一个投机者的告白》第 7 章及第 12 章，而非在书的开头，是因为这四点能比较明显地区隔出伟大投机家、专业投资者与一般业余玩家。而我则认为，需要在这本书的开头就先探讨，因为这关系到读者是否该选择进入投机交易世界。倘若你认为自身的条件尚不符合，那么等条件成熟了再考虑，或许是较明智的决定。

在科斯托拉尼辞世将近 20 年后的今天，我们重新检视这四要素，或许**"有金钱"这个要素需要做一些微调，应该更加严格，要改为"有闲钱"。**因为现在人太容易从家人或亲友处取得资金来操作股票，或者通过各种借贷或融资渠道，来取得资金进行操作。

然而，如果钱不是自己的，那么用借来的钱做投资往往不会有好的结果，因为成功投机家的另外一个要素，**"有耐心"的前提是必须要用闲钱做投资**。如果今天你持 300 万元进入市场做投机交易，然而这笔钱 3 个月后是要用来缴纳购房的首付款的，或者是借来的，必须在 3 个月后还，那么你就不可能有十足的耐心等待看法被验证。你可能熬不过一个回调修正期，就急于变现而认赔出场了。

可见，如果用来做投资或投机的本金是有期限的，随着时间的推移，愈接近到期日（你必须把本金还给别人），相对会承受愈大必须出场的压力，这意味着时间站在与你敌对的一方。即使时间和你站在同一边，你都未必能够从股市赚钱，那么，当你在与时间为敌的状态下，又如何能赢钱呢？因此，我常说："**无恒产者，必无恒心。**"这是我在股市中看到无数借钱投资者的下场之后所做的结论。

另外，在 20 年前，任何人想要做跨国投资或小额投资，都是困难的，但是如今的交易门槛比起科斯托拉尼活跃的时代还要低许多，因此金钱的多寡变得不再那么绝对重要。但是，**无论多寡，都必须是自己的钱、是闲钱，这样的钱才堪称成功投机者的本金。**

财富自由需要多少钱

我曾经在《一个投机者的告白》读书会中，询问伙伴以下几个问题：

1. 你认为财富自由需要多少钱，为什么是这个数字？
2. 你在做空的投机交易上是否有获利的经验，获利的金额或报酬率高吗？

3.你认为做空获利的难度会比做多获利的难度高吗？高多少倍？

4.你认为投机交易比较像科学，还是像艺术？

我必须先说，这几个问题都没有绝对的答案或者对错，但却可能是在你未来漫长的投资（或投机交易）生涯中左右判断与抉择的关键问题，也可能塑造出你的投资／投机哲学与最终目标。以下依序就上述几个问题做进一步的探讨。

你认为财富自由需要多少钱，为什么是这个数字

对于这个问题，在中国台湾地区，多数人的回答会在 2 000 万—3 000 万元新台币（除特别标明，均指新台币），而最常用的推算逻辑是"获得稳定的收入，大于生活开销"。我们就以台湾地区的股利收益率平均约 4% 左右的水平来反推：假设每年需要稳定获得

100 万元的股利来维持生活所需，那么需要投入的本金就是 100 万元除以 4%，也就是 2 500 万元。

然而，这样的计算方法存在着一个超越现实的难题：你不知道未来的股利收益率是否一直保持现在这样的水平。假设将来台湾地区的平均股利收益率降到 2% 左右（目前日本股市的平均股利收益率差不多是这个数字），那就需要 5 000 万元的本金投入台股（中国台湾地区的股票市场简称）。

如果未来的平均股利收益率仅有 1% 的水平时，所需要投入的本金将提高至 1 亿元，才能达到 100 万元的分红标准。

此外，你也无从预知未来的利率或通货膨胀率，如果银行的利率也与当今的欧洲和日本一样，是接近零利率水平的话，那么你就不可能靠银行存款来养活自己。尤其在物价水平攀升的环境中，你更需要把资金充分地投资运用在其他能够产生收益的资产类别上，包括股票、债券、外币存款、房地产等，才足以支付日渐增加的生活费用开销。这也是为什么科斯托拉尼在《一个投机者的告白》第 3 章 "凭什么投机" 中指出，债券是比你所知道还重要的目标，而房地产则是大投机家的事。**一个伟大的投资家，并不会只将眼光放在股市中，因为想要长期保有存活的机会，你就必须涉猎广泛、不让自己局限在单一资产的单一区域中。**

你是否曾经在做空的投机交易上有获利的经验

《一个投机者的告白》读书会的脸书社团中，大约有 400 位读书会成员分享了他们的经验，其中大概有 1/3 的人尝试过做空，其中包含了广义的各种做空工具，包括放空股票、放空期货、买进卖权、买进反向型 ETF（交易型开放式指数基金）、买进认售权证等。

然而，在这些有做空经验的人中，只有不到一半的人有获利的经验，而其中对于获利的金额或报酬率满意的人微乎其微。这样的统计调查结果并不令人惊讶，因为若以中国台湾地区加权股价指数而言，过去 10 年来（2008—2018），大盘指数若将分红还原计算在内，总报酬率大约是 200%，清楚显示出过去 10 年做多台股平均会赚到 200% 的报酬率。这也就意味着，做空的人要亏光本金两次以上，这是在完全没有使用杠杆的情况下。如果使用期货的10 倍杠杆，那么过去 10 年持有不动应该就要亏光你的本金 20 次以上，而现金选择权或者权证的杠杆倍数，有时候又大过了期货的杠杆！

这个统计调查结果给了我们一个很重要的启发：重视趋势的力量。行情的趋势判断，在科斯托拉尼的交易实务及他的著作中是相当重要的一个基本原则，如果你逆势而为，基本上胜算很低，因为**"与趋势为敌"是投机家的大忌**，是相当吃力不讨好的策略。一般散户投资者若在一个大涨 10 年的市场都无法顺势赚到钱，那么逆势操作又怎么能够赚到钱呢？

你认为做空获利的难度会比做多获利的难度高吗

我们可以反问，如果过去 10 年是空头市场，是不是上述的统计调查结果就会反过来，变成做空交易者大赚呢？答案可能是"并不会发生"。因为空头市场进行的时间愈来愈短，拜信息科技与互联网所赐，信息快速流通于世界各个角落，而且金融交易的效率又比一二十年前优化更多。

1994 年互联网才问世，而手机下单大约也是最近 10 年才出现并快速增长到目前状态。综观过去 20 年来每一次全球股市空头，只要市场笼罩悲观氛围，所有人便一窝蜂地急着卖出，卖压宣泄速度非常快速。这导致空头市场进行的时间愈来愈短，短到与多头市场所进行的时间差距愈来愈大，而空头以急跌修正的幅度却是又急又猛。

程序交易的盛行，促使停损单可以在极短的时间内完成大规模且目标广泛的执行，甚至是跨国执行。**"闪崩"这个名词不容小觑，在未来出现的概率远大于以往**。然而，你却很难从股市的闪崩中放空获利，因为当你看到股市大跌才去放空股票的话，可能等你下单时股市已经反应完毕，甚至要从超跌中开始反弹了。

这个现象让我们得到了另一个很重要的观点：**空头市场与多头市场，并不是完全对称的**。一般而言，多头市场进行的时间比较长，而空头市场进行的时间比较短；多头市场的走势形态比较单纯，通常是"缓涨急跌"，而空头市场的走势形态不仅是"缓跌强弹"，还多了"雪崩式下跌""上冲下洗""无量下跌"，打底又有"碗形底""W 形底""头肩底""L 形底"等变化多端的形态。

因此，**如果你试图以多头市场的操作习惯，在空头市场中"倒过来做"，其实是不可行的**。这也解释了，为什么每一次的空头市场都使得多数投资人损伤惨重。

你认为投机交易比较像科学，还是像艺术

科学（science）根据维基百科的定义，是通过经验实证的方法，对现象进行归因的学科。科学活动所得的知识是条件明确的，不能模棱两可或随意解读，能禁得起检验的，而且不能与任何适用范围内的已知事实产生矛盾。

对于投机交易，你或许可以用看似科学的方式来进行统计、归因、分析，比如，程序交易就是以历史回测的方式，找出能够获利的交易策略，通过计算机的事先设定来自动判断并完成交易。就这个观点来看，有点科学的意味。然而，程序交易终究只扮演了一部分的辅助交易角色，却无法获得 100% 的权限，因为就算有 70% 的状况下是可以获利的，你也很难控制在 30% 不利的状况下突如其来的极端噩耗。

科斯托拉尼在《一个投机者的告白》的第 1 章 "金钱的魅力"

中写下了这样一段话：**"在长达 80 年的证券交易经验中，我至少学到一点：投机是种艺术，而不是科学。"**因为在真实的金融市场中，有时候人们的反应像喝醉酒的人一样，听到好消息却在哭，听到坏消息却在笑。我认为，人们永远无法准确地预估一个精神状态不佳的人会对一个消息做出何种反应，而股市的涨跌则是由许多精神状态不佳的群众交互作用所产生的结果，因此就更加难以预料了！

科斯托拉尼认为，要在股市中获利，是需要具备想象力的，他说：**"和绘画艺术一样，大家在交易所中，也必须了解超写实主义，因为有时候会头下脚上，和欣赏印象派的作品一样，永远无法看清轮廓。"**

我曾经花了 10 多年的时间，借由大量统计与逻辑分析的方式，指导投资人如何运用历史统计及技术分析来判断金融市场、掌握获取超额利润的机会。然而最终我认识到，往往那些真正能够创造极大获利空间的交易，是出现在人们集体误判下所产生的短暂机会，而这些造成人们误判的事件，在历史记载上都是始料未及且第一次出现的。

比如，2016 年 6 月英国脱欧公投，意外地由脱欧派胜出，然而欧洲股市只下跌两天，之后便展开大多头走势，德国和法国股市甚至在随后的两年之内频频创下历史新高，这对于一切要求合乎逻辑的人们而言，岂不讽刺！另外，2016 年 11 月美国总统大选前，无论从社会舆论，还是从市场上的赌盘来看，都是希拉里领先特朗普，当时市场盛传一句笑话："如果希拉里当选，就会是美国的第一位女总统；如果特朗普当选，就会是美国的最后一位总统（意思是指美国要灭亡了）。"然而，11 月 9 日大选开票结果公布特朗普出乎市场预料胜出，美股只在亚洲期货盘受到重挫，当天美股开盘后已经不跌甚至收红，并由此展开了长达 1 年多的强势大涨，频创历史新高，直到 2018 年 1 月底涨势才暂歇。这对于那些选前认为特朗普当选将会导致美股崩盘的人来说，真是开了一个天大的玩笑。

股市中的逻辑，和我们一般生活中的逻辑截然不同，愈早认清这个事实，就愈不会在诡谲多变的股市中受到严重伤害。有时候，你必须坦然接受股市中许多完全不合乎直觉与逻辑的结果，这样才算拥有了健康的心理，才会让你常存于股市中。

第 2 章

证 券 交 易 动 物 园

投机家并不是赌徒，而是有远见的战略家

投机行径就像一段危险的航海之旅，航行在发财和破产之间。大家需要一艘适合远航的船和一位聪明的舵手。这艘船指的是什么？我认为是资金和耐心及坚强的神经。至于谁是聪明的舵手？当然是经验丰富、能独立思考的人。

——科斯托拉尼《一个投机者的告白》

投机者并不是赌徒

　　科斯托拉尼认为：**"只要人类存在，就有投机和投机家，不仅见诸过去，也见诸未来。"** 因为赌徒永远不死。**"每次证券市场萧条时，大家对股票和证交所都感到由衷厌恶，但我坚信，之后都会出现新的时期，过去的一切伤痛会被遗忘，大家又像飞蛾扑火般，再次走进证交所。"** 在我眼中，这就像上演了数百年的老戏，尽管时空背景不同了，演员也都换了一批新的人，但是上演的都还是那几套老剧本。在新手的眼里，股市高潮迭起、精彩无比（尽管他们没想到最后是以悲剧收场的）。在老手的眼里，股市还是那么有趣，但有趣的不是故事本身，而是为什么每次总是有那么多新手趾高气扬地踏上这个舞台，然而嘴里说出的台词，老手们都可以倒背如流了。

　　根据目前维基百科中文版，"投机"的定义如下：

不同于投资，投机是指货币所有者以其所持有的货币购入非货币资产，然后在未来将购得的非货币资产再次转换为货币资产，以赚取较低的购入价格和较高的出售价格之间的利润，即差价。投机存在风险，如同赌博，并非增加资产的可靠方法。

这显然是具有传统儒家思想的中国人所归纳的内容，因为从最后一句话"投机存在风险，如同赌博，并非增加资产的可靠方法"就可以看出来，会做如此定义的人或许是遵循了中国传统社会一向把"投机"与"投机心态""炒作"画上等号，把投机者看作是一种不事生产而专门靠买空卖空来从中获取利润的人。

我们应该以目前维基百科的英文版来重新检视"投机"一词：

Speculation is the purchase of an asset (a commodity, goods, or real estate) with the hope that it will become more valuable at a future date. In finance, speculation is also the practice of engaging in risky financial transactions in an attempt to profit from short term fluctuations in the market value of a tradable financial instrument rather than attempting to profit from the underlying financial attributes embodied in the instrument such as capital gains, dividends, or interest. Many speculators pay little attention to the fundamental value of a security and instead focus purely on price movements. Speculation can in principle involve any tradable good or financial instrument. Speculators are particularly common in the markets for stocks, bonds, commodity futures, currencies, fine art, collectibles, real estate, and derivatives. Speculators play one of four primary roles in financial markets, along with hedgers, who engage in transactions to offset some other pre−existing risk, arbitrageurs who seek to profit from situations where fungible instruments trade at different prices in different market segments, and investors who seek profit through long−term ownership of an instrument's underlying attributes.

我对于以上英文版所做的中译如下：

投机是购买资产（原物料、货品或房地产），希望它在未来的日子变得更有价值。在金融领域，投机也是从事具有风险性的金融交易，试图从可交易金融工具的市场价值短期波动中获利的做法，而不是试图从投资工具本身所内生的属性来获利，例如，资本利得、股息或利息。许多投机者很少关注证券的基本价值，而只关注价格走势。投机原则上可以涉及任何可交易的商品或金融工具。投机者在股票、债券、商品期货、货币、艺术品、收藏品、房地产和衍生性商品市场中尤为常见。投机者在金融市场中扮演四个主要角色之一，与避险者一起参与交易以抵消一些其他已存在的风险，套利者寻求从可替代目标物在不同市场以不同价格交易的情况中获利，以及投资者通过长期拥有目标物所具有的基本属性来寻求利润。

维基百科英文版对于投机的描述，显然更具体、更客观、更完整。

根据科斯托拉尼的定义：**"投机家是有识之士，是三思而后行的证券交易人士，能够准确预测经济、政治和社会的发展趋势，并且从中获利。"**因此投机家与赌徒、业余的证券玩家们截然不同，这在本章稍后会针对每一种交易者的类型做深入的比较与讨论。

你适合投机吗

科斯托拉尼说过一句经典之语：**"有钱的人，可以投机；钱少的人，不可以投机；根本没钱的人，必须投机。"**根据他的观点，"有钱"指的是那些已经替自己和家庭做好财务准备的人，包括已经拥有可以居住一辈子的房子，以及退休后所需的养老金。在这种经济状况下，多的钱就可以用来进行投机的智力冒险活动，试着继续增加财富，并证明自己的判断能力。因为是多出来的钱，就算亏掉也不会影响生活。然而，倘若经济状况还未能达到确保生活无虞的话，就必须扎扎实实地进行投资或储蓄，当累积到一定的水平之后，才能够拿多余的钱来做投机活动。

然而，科斯托拉尼提到"根本没钱的人必须投机"也并不完全正确。书中谈及根本没钱，是指钱少到连私人住宅都负担不起或无力养老的地步。由此看出，他对于金钱多寡的定义比一般大众所认知的标准还要高。

以台北、北京、上海、深圳这些一线城市的生活水平来看，至少需要 100 万美元才足够满足私人住宅加上下半辈子的养老金所需；即便是二、三线城市，也至少需要 50 万美元。当然，并不是说你必须要在手上握有超过这个数字以外还要多的钱才能够去投机，而是指扣除掉未来所需的现金，你仍然有多余的钱，即使赔掉也无所谓。前者是以存量的概念，把余生所需要的所有钱现在都准备好了（而且还要超出）。后者则是流量的概念，只要确保未来收支平衡有余裕即可，否则多数人根本难以在五六十岁之前全部准备好，那么也就很少人能够有资格做投机交易了。

我认为，倘若你是一个完全的新手，不妨用很少的资金来试试自己在投机领域的能力大小。从试验中发现自己确实有投机的天赋，那么恭喜你，你值得继续深入发展；但如果以失败收场，那你就应该选择正规的长期投资或者储蓄，才能够真正累积财富。

在你决定要进入投机交易领域之前，我请你先慎重思考：你是科斯托拉尼定义下的有钱人？还是钱少的人？还是根本没钱的人？并且把相关的佐证数据一起写下来。无论成功或失败，这将是你未来在投机领域回头检视时，验证科斯托拉尼真知灼见的最好证据之一。我见过太多的股市交易者，在惨赔之后离开市场，当你检视他们进入市场之初的状态，多半就是钱少的人，是科斯托拉尼认为不应投机的人。这也呼应了我在本书第 1 章所说的**"无恒产者，必无恒心"，许多财力不够稳固的投机者的下场，其实在开始之时就可以八九不离十地预料到最后的结果**，就像华尔街百年来不断上演的老戏，尽管演员换了许多新面孔，然而那些失败的角色都是一开始就注定了失败的命运。

我建议，如果你是属于钱少的人，选择好的公司进行长期投资是正确的做法。这就像近几年在台湾地区相当知名的"存股"做法：选择不会倒、即便经历过空头，也能够在下一次多头行情时再创新高的优质企业。若是根本没钱的人，我则不建议进入股市，无论是投资或投机，都不适合。

科斯托拉尼在《一个投机者的告白》第 2 章中，写下了一句真正重要的告白：**"我该诚实建议每位读者加入投资者的行列。在从事证券交易的人中，以平均水平来看，投资者的表现最好，因为即使是投机家，也只有少数是赢家。"**事实上，他本人也说了，他自己晚年已经加入投资者的行列，在 1999 年他就持有 500 多种不同的股票，也好几年没有卖掉任何一种股票了。

投资者：金融市场中的长跑者

　　科斯托拉尼对于"投资者"所下的定义是：**"买股票，然后留个几十年，当成养老金，或当成留给子女或孙子的财产。他从不看指数，对指数不感兴趣，即使股价崩盘，也任由它去。他将资金长期投资于股票，一直投资下去。即使萧条时期，也不减少股票的投资比率。"** 这与"存股"的概念雷同，只不过，在中国与韩国股市中，比起短线进出较为频繁的交易者来说，这一类的投资者比重较少。

　　在 2017 年拙作《高手的养成：股市新手必须知道的 3 个秘密》中，我把长线投资者隐喻为森林中的大象，包括沃伦·巴菲特（Warren Buffett）、彼得·林奇（Peter Lynch），以及许多知名基金经理人。他们选股的目标着重于长期成长潜力，有些则是重视公司的价值，基本上不轻易出手，一旦出手就会分批买进好几次，并持有一年至数年，当公司成长减缓，或股价已趋高估，或景气即将反转向下，这时才会大量卖出。倘若公司运营发展相当好，他们甚至可能买进之后就一直持有，从不卖出。比如巴菲特所投资的可口可乐、吉列，都从数十年前买进至今仍持续持有。

近年来，机构法人扮演了市场上多半的投资者角色，包括政府退休基金、主权基金、保险公司、校务基金、永续的基金会等，基于财务上的特性与需求，他们并不需要在股市中短线进出赚取价差，而是以资产配置、长期投资的方式在不同资产类别中获取合理的长期报酬。相对于亚洲新兴国家，美、欧、日等成熟国家或地区的中长线投资者比重较高，主因在于退休金制度的成熟，使人们普遍在工作期间提拨了较多的所得在退休金账户中，通过那些具有税赋优惠的退休金账户来进行投资，这些账户中可选择的投资目标又以共同基金或 ETF 为主，非个别公司的股票，也因此使中长线投资成为常态。

1999 年，在《一个投机者的告白》中科斯托拉尼指出指数基金将愈来愈受到欢迎，因为投资者往往将资金配置在绩优股上，他们依据本国或其他国家的指数成分股来选择目标，或者干脆直接买进指数型基金，而不是重仓在某些特殊的未来行业上。他认为："**投资者，不管他何时进入证券市场，从长期来看，都属于赢家，至少过去一直如此，因为从股票总体情况来看，崩盘之后，总会不断达到新高**

纪录。"这些观点，在经过 20 年之后，ETF 及指数化投资工具大行
其道的今天，怎不令人赞叹其为真知灼见！

证券玩家：金融市场中的赌徒

科斯托拉尼对证券玩家的评价相对较低，他说：**"他们不配冠上**
投机家的称号，虽然一般大众和新闻记者都以此称呼他们。证券玩家
连最小的指数波动都企图利用。……他是赌徒，没有任何思索分析，
没有任何战略，举止就像玩轮盘的人，从一张赌桌跑到另一张赌桌。"
他认为这样的人肯定永不会消失，而且多半是看着图表技术分析做
短线操作甚至对冲交易的人。

在中国台湾地区的股市中，存在着为数不少的散户投资人，他
们每天都会看盘，而且几乎每天都会进行交易，其中有些是对冲投
机客，尤其在 2017 年台湾地区开始推行"对冲交易税减半"政策，
诱导了更多的短线交易者加入了对冲的行列。这些人的交易频率和
交易量明显放大，确实促进了台湾地区股市的总成交量有些微的增

长。不过，几年下来，他们会发现对冲虽然刺激，但长期却无法累积财富，主因在于散户的交易成本太高（尽管对冲交易税减半，但是券商赚走的交易手续费并没有减半；多次交易的结果累积下来，将对本金有大量侵蚀的后果）。在我看来，对冲交易只不过是让自己"心脏维持跳动"的一种高消费娱乐，其刺激性比高空弹跳差一些，但花费却比高空弹跳贵上好多倍。

我把这一类证券玩家比喻为金融丛林中的"普通蚂蚁"，他们是为数最多、也最勤劳的一群，因为他们非常忙碌，但无法累积大财富。这群人多半是年轻的散户，他们怀抱着赚大钱的理想进入股市，每天的开盘都令他们满心期待；但也有不少是已经五六十岁的老玩家，由于无法赚到能够毅然决然离开股市去享受人生的财富，因此每天准时看盘，心思很难离开盘面。他们被股市绑架了，付出的赎金就是他们原本该自由自在的时间。

在科技逐渐进步之后，一部分证券玩家会被有投资纪律的程序交易者取代，虽然有些好的投资机会，因为缺乏好的心理素质与纪律，他们与收益失之交臂，也就是出现"该赚而未赚"的状况，久而久之，一些年轻且对计算机辅助交易接受度高的人会尝试使用程序交易，以更有纪律的方式执行交易。然而，比起整体市场上证券玩家们的总数而言，程序交易者的人数终究是少数，这不是绩效好坏能够合理解释的，而是人们喜欢自己下注的感觉，要赔，也要赔在自己手里。人们的赌性很强，促进了股市的成交量，而赌徒永远不死（只是换人当），这是股票市场永远会有基本成交量的根本原因之一。

投机家：有远见的战略家

科斯托拉尼对于投机家的定义，除了在本书第 1 章所提到的四个要素（有金钱、有想法、有耐心、有运气）之外，他还强调：“**不同于投资者，投机家对各种新闻都感兴趣，但这并不表示，他会像证券玩家那样，对任何新闻都有反应。……投机者有想法，不管正不正确，毕竟是个想法。这是投机家和证券玩家的基本差异。**”

我将投机家比喻为金融丛林中的狮子，包括科斯托拉尼或金融巨鳄乔治·索罗斯（George Soros），还有大多数的避险基金经理人，以及国内外金融机构中负责公司自有资金投资的操盘手，都属于这种类型的交易者。在中国台湾，包括主力大户，以及某部分上市公司的大股东或经营管理阶层也是热衷于在股市中进出的交易者。由于他们在产业内的人脉广而且信息充足，也可能成为股票投机家。这些人不仅仅投资自己本行业的公司，也投资其他行业中他们认为有大幅度获利机会的公司。

投机家们的嗅觉相当灵敏，他们会善用广泛的信息来源（不代表是内线消息，通常是产业信息中枢或者彭博信息系统、路透社等实时行情与信息平台），持续观察市场上的资金流动状况、重大国际财经事件，以及投资人乐观或悲观的气氛。若他们嗅出了有利可图的机会，通常会静静地在场外观察，找寻最佳时机跳入市场中狠赚一笔，至于投机所持有的时间，可长可短，有时候咬住不放，甚至可以长达数月之久。

投机家们与证券玩家们同样都关注市场所发生的事情，只是投机家们并不会为微小的事情做出反应，他们在进场之前都会综观全局而设定好一个基本的假设，并按照他们的经验推演预测。除非发生某些事件所造成的影响深远，以至于动摇了原先的假设基础，才会重新规划，并且产生新的推论及预测。投机家们相对于证券玩家们来说，较注重中长期总体的趋势，就像看重影响潮汐的重大因素；有些操作相对较灵活的投机家们也会留意较大层级的波浪，但是无论是哪一种投机家，都不会花时间关注涟漪，因为毫无规律的随机波动，无论对于追求高获利或者稳定的获利来说毫无帮助。

科斯托拉尼说："**有远见的投机家密切注意各种基本因素，如金融和贷款政策、利率、经济扩张、国际局势、贸易收支、经营报告等，不会受到次要的日常新闻影响。他制订周密的计划和策略，根据每天发生的事件进行调整。**"以上这些因素通常不会在短时间内改变，往往至少要花上一个月甚至数月，才能够观察到有明显的转变。也正因为如此，科斯托拉尼认为伟大的投机家是有远见的战略家，显然他以此自许。我认为这样的投机家就像古代能够综观全局，并且永远以大局为重的军师，他们运筹帷幄，决胜于千里之外。

当今的交易者普遍致力于追逐短期绩效，忽视长期绩效，往往赢了短线，却输了长线。这样的交易者在科斯托拉尼眼中多半算是证券玩家，而其中比较好的也只能以投机者称呼，算不上是投机家。

投机家与证券玩家的另一个最大差别在于，投机家认真地检视每一笔交易的成败，并且从自己的错误中检讨、改进，以提升自己的判断能力及操作的稳定性，进而提升未来的绩效；证券玩家则过度沉溺于自己赚钱的交易上，尽量避开失败交易所带来的不好的情绪反应，从没有花心思在这些失败的交易中寻找自我改善的机会。科斯托拉尼说："**每次交易上的亏损，同时也是经验上的获利。只有仔细分析失败，才能从中获利。况且，亏损严重的投机活**

动要比获利的投机活动，更值得分析，这是本质的问题。大家在证券交易市场获利时，会觉得自己受到认可，感觉飘在云端，于是体会不到自己还须继续学习。只有惨败才会让人回到现实，这时就必须诊断出错误所在。"

第 3 章

凭 什 么 投 机

股票、债券、外汇、原物料、艺术品、房地产……

和其他投机对象相比，股票的优势在其长期上涨的趋势……

总体、长期来看，股票是一直向上走的，且结果比其他任

何一种投资方式都好。投资者拨出部分财产，购买大型且

稳固的公司股票，就会得到最好的机会。如果事情没按照

预期发展，也只需耐心等待，直到行情重新看涨。

——科斯托拉尼《一个投机者的告白》

投机家的世界比你想的更广大

尽管目前绝大多数与投资或投机相关的书籍，多以股票市场为背景来撰写，然而投机家的世界往往不会只限于股票市场，他们往往也投资债券、外汇、原物料、艺术品、房地产等其他更广义的市场。**科斯托拉尼自称，在他长达 80 年的投机生涯中，有大量的获利来自债券市场**，他也活跃于外汇和原物料市场，并曾在有形资产（艺术品、收藏品、珠宝）交易中累积经验。

在《一个投机者的告白》的第 3 章中，科斯托拉尼对不同市场的参与者进行分析，并进行跨市场性质的比较，其中穿插了许多他亲身经历过的市场兴衰史，以及他个人参与交易的有趣故事。这些历史故事将有助于你对这些不同市场生态的了解，同时也借此更熟悉科斯托拉尼这位传奇人物的内心想法。

由于在过去 20 年里，许多市场发生了重大的改变，以至于市场结构及交易者已经与科斯托拉尼活跃的时代有所不同，因此，我以当今的市场生态来重新描绘股市、债券、外汇、原物料、艺术品及收藏品、房地产六大市场的现况，并且通过比较不同交易者在这些市场内的参与状况，来帮助想涉猎这些陌生市场的投机新手们获得更多的了解。尽管过去20年来有些市场的生态已经大有不同，然而当今股市仍是六大市场中一般人胜算较高的市场，这是没有改变的。

债券：股票最主要的竞争者

上市公司想在资本市场上筹资，不外乎靠发行股票或债券，因此，你只要知道大多数的上市公司在财务上会有股有债，就不难理解，为何债券会是股票的主要竞争者。

然而，公司债只是整体债券市场的一部分，政府债则是另一大宗，如果将公司债与政府债合起来，几乎就构成了整体债券市场最主要的成分，虽然这两种债券的本质相同（多半都有定期配息、到期还本的特性），然而表现在价格走势上却大不相同，因此，我们有必要把这两种截然不同的债券分开来看。

成熟国家政府公债，一直是高信用评级、高流动性、高稳定性的代表，不仅它们在整个债券市场中的地位如此，甚至在广大的整体金融市场中的角色也是如此；过去是如此，现在也是如此。最常被用来作为成熟国家公债代表的是美国、日本、德国、英国、法国、意大利和加拿大这7个国家所发行的公债，因为这些国家形成一个联盟，定期聚会，握有国际上最主要的话语权，即便这7个国家不完全等于（但已经接近）全世界最大的7个发达国家，但债信评等也几乎是最高的。

只要这些国家没有倒债的风险，基本上你投资这些国家所发行的公债，到期就会拿回本金，而期间定期会收到利息。这么稳的投资，理所当然地成为全世界机构法人最主要的投资工具之一。因此，成熟国家公债的主要买家，就是全世界各国政府、各国退休基金、主权财富基金、大型保险公司、校务基金或基金会，以及其他大型的金融机构等。

既然买家这么多，而且都是长期投资者，很少会因为短期需要资金而贱价卖出，这也使得这类债券的价格不会便宜，我们可以说它们几乎在大多数时间里都是贵的，也就是隐含报酬率是相对低的。债券的报价方式与股票截然不同，但用"收益率"（yield to maturity）来表现你买进持有到卖出为止的平均回报率，这样能更直观、更简单地做跨目标间的比较。因此，收益率成为债券市场最主要的报价方式。

2008 年金融海啸之后，美、欧、日政府先后祭出了量化宽松（quantitative easing，简称 QE）及零利率甚至负利率政策，大量印钞票，但并不是直接把钞票送给民众，而主要是通过在金融市场上买进成熟国家公债，来压低市场上的利率水平，进而降低企业筹资成本及债务负担，刺激经济。尽管美国已经在 2015 年 12 月开始启动了升息循环，截至 2018 年 7 月底，已经升息了 7 次，让美国的基准利率达到 2%，然而美国 10 年期公债的收益率却仍然停留在仅 3% 左右的水平。欧洲、日本则仍在负利率政策当中，因此，德国的 10 年期公债收益率仅有 0.4% 左右，日本更低，仅有 0.1% 左右。

相较于相对安全的成熟国家政府公债，**新兴市场政府债则信用评级较低、流动性和价格稳定性也较低，使得必须要以较高的收益率来作为补偿（风险溢价）**，人们才会愿意买进并且持有它们。因此，目前全球新兴市场政府债的收益率平均水平大约在 5%—7% 之间。然而，新兴市场国家众多，差异甚大，事实上，有些国家远低于平均值，有些则是超出平均值好几倍以上。因此，在投资新兴市场债的同时，一定要先注意信用评级。一般民众很少会直接买进单一只的特定国家政府债，而是通过新兴市场债券基金或 ETF 的方式进行，那么就有必要审阅该基金或 ETF 的平均信评。总之，高风险、高报酬，是市场上不变的道理。

若是财政状况较差的国家，发行债券的收益率可能要高达 7% 以上甚至更高，才能够吸引买家愿意投资，因此，信评机构扮演了很重要的评鉴角色。目前全世界有三大信评公司：标准普尔（Standard & Poor's）、穆迪（Moody's）、惠誉（Fitch），它们所采用的信评标示方式略有不同，但是大致上都是以"BBB-"（含以上）的等级视为投资等级（investment grade），低于这个水平的就称为高收益（high yield）。

在科斯托拉尼活跃的年代，新兴市场政府债仍属高风险的债券类别之一，因此，他靠投机俄罗斯沙皇时期的旧债券而获得了他人生中最主要的财富。即便在 1998 年有俄罗斯公债违约，以及 2004 年阿根廷债务违约（债务重组，视为技术性违约），然而，最近 10 年来，已经鲜少有新兴国家的债券落入违约状态，这也使得新兴市场政府债逐渐摆脱了过去高风险的印象。事实上，**目前已经有超过六成以上的新兴市场国家债信评级为投资等级。**

除了由国家所发行的政府债券之外，**公司所发行的公司债则是整体债券市场上的另一大宗，在国际上，许多有上市挂牌交易的公司也**

都有能力发行公司债。尤其在低利率环境下，公司通过发行债券的方式来筹资，信评较高的公司或许只需要负担一年3%的资金成本，比起通过发行股票来筹资，这是相当有利的。因为假设一家公司的股本为10亿元，而某一年赚了10亿元，刚好赚一个股本，若股本当中有5亿元是股权、另外5亿元是债权，那么无论公司赚多少，都仅需要付出5亿元的3%，也就是1 500万元给所有债券投资人，剩下还有9.85亿元利润都归出资5亿元的股东们享有。当然，若景气不好，公司没赚钱，不需要分配任何利润给股东，但是那1 500万元的利息可是要从股东们口袋里拿出来付给债券持有人的。通常"有一好没两好"是投资世界的基本原则，总是要在风险和报酬之间做一个取舍。

　　前面提到的国际信评公司除了给予国家主权信用评级之外，也针对公司债进行评级。然而，你必须了解这些信评攸关国家或公司的筹资成本甚至对外形象，事关重大，因此信评公司做任何调整都必须有凭有据，例如，需要依据公司最新的财报来观察，这也使得信评的调整往往会落后于真实状况的改变。就像检视最新一期的财报，也无法解释眼前的股价下跌，信评高低也无法解释为何债券价格会下跌，是相同的道理。世界永远在变，你只能从过去的轨迹来了解它们的基本面长期趋势，但无法准确预测它下一步会不会出乎你预料而走样。在2015年美国的剧情片《大卖空》里，就讽刺了信评公司对于信用状况恶化的后知后觉。然而，我认为并不能因为其不具备预警作用，就不关心公司的发展。

为何债券会成为股票的主要竞争者，除了从一家公司的财务结构来看：主要构成公司资本的来源不是股票就是债券，因此它们自然存在相互取代的关系；我们也可以从买家的角度来看，能够长期持有并且孳生利息的资产类别，不外乎股票（会产生股息配发给股东）、债券（多半的债券都会配发利息给持有者）、存款（包括自己国家的货币或者其他国家的外币存款，几乎都会有利息），以及不动产（收取租金收入），其中**股票和债券通常是拥有相同的交易平台且投资方式最为接近的两种金融投资工具。**

股票的趋势与景气循环正相关，而且通常股市领先景气大约半年的时间；成熟国家的政府公债由于和利率循环有高度的反向关系，倘若景气热络、央行升息，那么公债价格也就易跌难涨，因此**股票与公债的表现往往是呈现负相关的特性。**在资产配置上，低度相关性，甚至负相关，较能够发挥分散风险、降低整体投资波动度的效果，这也使得寻求稳健报酬的机构法人，普遍在他们的投资组合中都会同时持有股票和债券。如果看好景气发展而想要加码股票，那么就靠减码债券所腾出的资金来多买一些股票，反之亦然。

然而，与景气循环负相关的成熟国家政府公债价格才会有上述

特性。如果是信用评级较差的高收益公司债，由于这些公司的营运
状况及偿债能力高度受到景气影响，倘若景气好，这些高收益公司
肯定较能赚到更多的钱来偿还债务，因此逢景气好转，信评被调升，
公司债价格上涨是常态。也因此，高收益公司债的表现与股市是正
相关，两者都与景气正相关，从资产配置的角度来看，较缺乏分散
风险的效果。倘若未来景气衰退，大多数公司的营运展望转差，那
么股票价格下挫，往往高收益公司债的价格也是下跌的。我会说，
高收益公司债只是长得像债券的股票罢了（在到期还本的特性上像是
债券，然而价格走势却与股票相近）。

外汇：国际炒家们的天堂

外汇市场既深且广，而且只要是能够跨国结算的货币，流动性都
非常好，远远超过了一国的债券市场及股票市场，这也是为什么国际
炒家们最喜欢以外汇市场作为主要的战场。因为它能够在短时间内完
成大额的交易，而且一有需要便能实时变现，却不会涉及内线交易

的问题。

在《一个投机者的告白》第 3 章里,科斯托拉尼认为,以前的外汇市场更有趣,主因在于 20 世纪上半叶经历了第一次世界大战和第二次世界大战,欧洲在两次世界大战中都是主战场,这使得德国、法国、奥地利、匈牙利、意大利、荷兰等国家的货币常常有极大幅度的波动,那时候投资外汇甚至会获得数倍的报酬。然而,在第二次世界大战后,国际局势趋于平稳,美、日和欧洲各国的跨国经济与军事联盟逐渐成形,这使得这些大国的货币少了剧烈摩擦、振荡的机会。

比起科斯托拉尼在世的 1999 年之前,现在的外汇市场又更无趣了,如果他活到现在,应该会说自己少了一个游乐场。主因在于 1999 年 1 月 1 日欧元的问世,取代了过去包括德国马克、法国法郎在内的欧元区十多个国家的货币,成为全世界第二大的流通货币,仅次于美元。这也意味着,科斯托拉尼时代活跃的外汇投机者炒作的主要天堂——欧洲,使用单一货币了,几乎等同于游乐场关门了,即便还剩下零星几个游乐设施还能投币(欧洲仍有少数国家没有采用欧元,例如,瑞士和北欧诸国,然而这些货币和欧元之间的汇率波动极为狭小),但是他不会再想要买门票进那个无聊的地方了。

尽管当今的外汇市场波动已经大不如一个世纪之前,然而,无论是 20 世纪初,或者 20 年前,或者现在,没有太大改变的是它仍为大玩家的游戏场。科斯托拉尼在《一个投机者的告白》第 3 章中说：

"若要进行重要货币的投机，就是与几万名大大小小的赌徒和投机人士竞争。世界上每个人都可以同时得到相关讯息，如果某个统计数字比预期好，大家便朝那个方向跑；如果比预期差，大家又跑往相反方向。"

这也意味着，散户投资人在外汇市场中并没有什么特别的优势，反而因为信息落后，或者财力不够雄厚，可能会在这些大玩家的对弈间成为牺牲者。如果纯粹只是以换汇的方式赚取汇差，或许损失不大；若是采用外汇保证金交易的方式，在高杠杆倍数下，很容易斩仓出场。因为任何一个汇率都很容易出现与原本趋势反方向的大幅度振荡，而这些振荡的形成原因可能来自由美、欧、日央行官员任何一句话所引发的部分机构法人集体往某一边重压。尽管这个汇率在大幅度振荡之后，回到了原本属于它的趋势，然而散户投资人往往无法撑过那一次的振荡，就被迫斩仓出局了。

外汇市场有一个重要的指标，是"美元指数"（U.S. Dollar Index，简称 DXY）。根据维基百科的定义，它是衡量美元在国际外汇市场汇率变化的一项综合指标，由美元对 6 个主要国际货币（欧元、日元、英镑、加拿大元、瑞典克朗和瑞士法郎）的汇率经过加权几何平均数计算获得。1973 年 3 月，布雷顿森林体系解体后，美元指数开始被选作参照点，基准为 100.0000。而其组成的 6 个成分货币权重如表 3-1 所示。

表 3-1　组成 DXY 美元指数的 6 个成分货币权重

货币	符号	比重
欧元	EUR	57.6%
日元	JPY	13.6%
英镑	GBP	11.9%
加拿大元	CAD	9.1%
瑞典克朗	SEK	4.2%
瑞士法郎	CHF	3.6%

数据源：维基百科（2018 年 7 月 31 日）

必须留意，**DXY 指数仅是美元对于上述 6 个国家或地区的外汇的一个参考指标，里面并不含有任何新兴市场货币**。因此，这个指标的涨跌未必会反映美元对新兴市场货币的升贬值。亚洲的货币显然除了日元之外，并没有任何一个其他货币被纳入 DXY 指数中。这也代表着，倘若 DXY 指数上升，与亚洲货币是否升值或贬值并没有直接的关联。事实上，欧系货币（欧元、英镑、瑞典克朗、瑞士法郎）占了 DXY 指数高达 77.3% 的权重，因此，欧系货币的涨跌几乎决定了 DXY 指数的涨跌，而与亚洲的货币相对低相关。这也可以说明，在几次亚洲景气繁荣的阶段，即便DXY指数上涨，亚洲许多国家的货币兑美元却依旧升值，而非贬值。

例如新台币，有时候你会发现DXY美元指数在上涨，新台币兑美元也在上涨的情形。尽管这种情况较为少见，然而这代表新台币有特别的正面因素刺激了它短期表现强过DXY美元指数。这也提醒了投资人，DXY美元指数上涨，并不代表美元对新台币走强，台湾地区的投资人必须分清楚"美元指数"和"美元汇率"之间的不同，如此在阅读跨国投资报告或与金融从业人员讨论行情的时候，才不致混淆。

原物料：投机家对投机家

原物料是一个种类繁多且不同品种的特性大异其趣的市场，我们可以通过两个市场上最具代表性的指数来了解它们：CRB指数（Commodity Research Bureau Futures Price Index，简称CRB），以及高盛商品指数（Goldman Sachs Commodity Index，简称GSCI）。

CRB 指数是由美国商品研究局汇编的商品期货价格指数，于 1957 年正式推出，涵盖了能源、金属、农产品、畜产品和软性商品等期货合约，为国际商品价格波动的重要参考指标之一，也是历史最为悠久的一个商品相关指数。CRB 指数成立之初，农产品的权重较大，然而随着时间的推移，产业结构改变，交易市场的活动也明显出现了转向。为了能够更正确地反映整体商品价格的趋势，CRB 指数历经多次调整，其中对能源相关的权重持续提高。

截至 2018 年 7 月底，CRB 指数由 19 种原物料商品组成（详见表 3-2），这些权重的最后一次调整是在 2005 年，路透集团与杰富瑞集团（Jefferies Group）旗下的杰富瑞理财产品（Jefferies Financial Products）进行合作，第 10 次调整 CRB 指数，并更名为 RJ/CRB 指数，至今权重未再进行调整。

表 3-2　CRB 指数的组成商品与权重

类别	商品	权重（％）
能源类	WTI 西德州原油	23
	天然气	6
	热燃油	5
	无铅汽油	5

续表

类别	商品别	权重（%）
软性商品	棉花	5
	可可	5
	咖啡	5
	糖	5
	柳橙汁	1
贵金属与工业金属	黄金	6
	铝	6
	铜	6
	镍	1
	白银	1
谷物	黄豆	6
	玉米	6
	小麦	1
畜牧	活牛	6
	瘦猪肉	1

数据源：Jefferies Financial Products（2018 年 7 月 31 日）

标准普尔高盛商品指数（S&P Goldman Sachs Commodity Index，简称 S&P GSCI）一开始由高盛公司于 1991 年创立，2007 年 2 月，

标准普尔公司从高盛公司手中购买了该指数，所以它被重新命名为标准普尔高盛商品指数。该指数中的每一种商品所占权重是由最近 5 年该商品产量的平均价值所决定的，每年度进行调整，并于来年 1 月份实施。该指数的主要构成为能源产品 79.04%，农产品 9.16%，基本金属 5.82%，贵金属 1.61%。相较于 CRB，该指数显然更偏重能源类。

无论是 CRB 指数还是标准普尔高盛商品指数，它们的成分及价格都以期货合约为准。事实上，整个原物料相关的交易市场，普遍都是以期货作为交易的工具，也就是以保证金进行结算，具有高度杠杆的特性。**一般的散户投资人在这个市场中几乎毫无胜算，在科斯托拉尼长达 80 年的证券交易生涯中，他曾经集中全力从事原料投机，但最终却是以没赚没赔的状态离场。因此，他并不建议散户在这个市场中碰运气。**他认为，原料投机只适合熟悉风险、承担得起损失、有经验的投机家，尤其是基于职业因素，和原料生产有关的人，因为之后他们可以把这些原料用在自己的企业中，一般人则没有这样的条件。

有形资产：无法孳息的资产

艺术品、收藏品等有形资产，比如，名画、古董家具、瓷器、邮票、纪念币、珠宝，本身并不会孳生利息，不像股票会有股息分配，债券会有票息收益，不动产会有租金收益，艺术品和收藏品显然不会有这些利益。因此，买家希望通过价格的变动来获取利润，而付出的成本就是购买价及花时间等待价格上涨期间的机会成本。

由于这些有形资产高度受到人们的审美观与主观判定价值的影响，价格并不稳定，而且流动性极差，因为集中交易的市场较少（除非是非常有珍藏价值的对象，才能够上得了苏富比、佳士得等国际级拍卖平台做交易），因此你必须要自己去寻找买家，往往需要等上很长一段时间才能够顺利脱手，有时候，其流动性甚至比房地产还差。

科斯托拉尼说：**"万不得已时，才可投机有形资产，然后还必须辨别行情何时开始上升进场，从中获利，随后再马上退出。只有这样，才能利用有形资产赚钱。遗憾的是，几乎没人可以准确预测价格变化。所以，关键始终是时机问题。"** 你必须了解，尽管投资人很希望通过好的买卖时机来赚取利润，然而市场数百年来已经不断证明，财力不够雄厚的散户往往总是买在相对高价，而卖在更低价时，甚至在缺钱时贱卖了资产。择时，就是散户最脆弱的一环。

前文提到，在原物料市场中，不同品项的差异性极大，而艺术品及收藏品相关市场的差异性又更大，几乎每一种类都隔行如隔山，如果不是专门领域的收藏家或鉴定家，一般人几乎少有鉴价的能力，而是凭喜好来认定它们的价值。更严重的信息不对称存在于艺术品市场内，因为"稀有性"，每一件品项都是独一无二的作品，显然与原物料期货市场内所有合约都具有统一规格的状况完全相反。

尽管如此，为何这个市场依旧持续存在，而且数百年来不衰？**通常这类对象会随着时间增值，主要原因不外乎通胀以及历史文化意义。** 长期而言，通胀几乎一直存在，即便景气会有衰退期，然而整体物价的衰退却不明显（物价有僵固性），这也使得下一波景气循环重新开始之后，只要全球财富的总水平向上攀升，艺术品的价

格就会水涨船高。历史文化意义是大多数稀有艺术品所具有的基本
特性，经过长时间的演变，人们的审美观或许会改变，然而历史文
化意义却随时间在累加。这也解释了为什么某些艺术品并不具有实
用性，而且在多数人眼中也并不算美观，然而价格却能够随着时间
持续攀高。

艺术品及收藏品的合理价格，通常是专业收藏家与鉴定家才比
较能够相对客观地评估，一般的投机者并不具备这种能力。而收藏
家们因为喜欢上某件艺术品而买下收藏，这注定了价格投机上的失
败，因为**投机家获利的根本原则在于专注价格差异的机会，因此只
有好的价格和不好的价格，不能爱上你所投机的对象本身，那是致命
伤**。投机家不适合搞收藏，而收藏家不适合做投机，这使得这个市
场的交易自然无法像其他市场那么活跃。唯有财力非常雄厚的买家，
才同时具备收藏家与投机家的双重身份，成为主宰这个市场的主要
力量。

尽管艺术品投资困难重重，这个市场仍有新的机会存在。过去，
艺术投资明显集中在欧美等发达国家，然而近几年来，中国、印度
等亚洲国家经济快速成长，来自这些国家创业成功的高资产人士已
成为荷包充实的大买家。近10年来，他们在国际拍卖会现场出手阔
绰，只要付得起，就会买下，这是科斯托拉尼所未见的盛况。

房地产：大投机家的事

房地产领域的两大主流，包括住宅投资及商用不动产投资，另外还有通过其他金融商品间接投资房地产的投资工具，比如，房地产基金、不动产投资信托（Real Estate Investment Trusts，简称 REITs）、不动产抵押贷款证券（Mortgage-Backed Securities，简称 MBS）、住宅地产抵押贷款证券（Residential Mortgage-Backed Securities，简称 RMBS）等。

由于房地产的流动性较低，变现不易，因此直接投资于房地产的本金需要足够雄厚，否则一笔投资套牢，就会造成资金周转不灵，因此，房地产市场的投机家们会尽可能通过向银行贷款（房贷）的方式来分散风险。假设有 1 000 万元的本金，投机家们不会用这 1 000 万元去买一套房子，而是买进几套不同的房子，加起来总值约 5 000 万元，用 1 000 万元作为自备款，而另外 4 000 万元（80%）则是通过银行贷款，因此，会有杠杆效果。在银行贷款占 80% 的状况下，杠杆就是 5 倍，如果房价上涨 10%，他的获利不会是 10%，而是 50%；当房价下跌时，损失也将是房价跌幅的 5 倍。

由于在房地产市场投机往往需要与银行往来以取得资金，个人的财务状况及过去的信用记录就变得很重要，如果你没有足够高的月收入证明或其他财力证明作为担保，银行并不会愿意借给你钱；反过来说，只要你的财力雄厚，尽管你很有钱，银行更愿意借钱给你去投资。这也是为什么科斯托拉尼认为房地产市场是大投机家的事，因为这不单单只是投资能力的问题，也包含有个人在社会中的地位问题，如此对价关系的生态，自然而然会让富者愈富。在中国台湾，富有的阶级普遍以房地产作为主要投资或投机的战场，或者作为财富保值的主要工具，有时甚至大过了他们在股市所做的投资。

房地产与有形资产一样，具有独特性。也就是说，任何一套房子都是独一无二的，如果某套房子已经被一个人买下持有了，其他人就无法持有。因为这个特性，使得价格多少会因为买卖家们的主观认定而出现差距，这也是有利可图的地方。对于财力雄厚、有足够时间可以等待的投机家来说，想买到便宜的房子，总是不乏遇到有卖家需要变现而急于脱手的机会（因为移民、家庭变故或者跑路），尤其是司法拍卖房屋市场，是房市投机家们的主战场。

预售房产则是投机家们的第二大战场，因为通常一个预售的新盘要两三年之后才会完工，因此，房地产开发商以样板间、房屋模型或影片等方式来呈现新房的样貌，购房者进行选购，再等待楼盘建好后入住。由于开发商的样板间或模型与实际最后建好的房子可能会略有些微差异，包括周遭的生活环境也可能略有改变（比如，附近又要盖更高的楼房，可能挡住视线或采光），使得买卖双方存在信息不对称的情形，且这种信息不对称要比其他已经存在的房产大许多。愈是信息不对称的市场，就存在愈多投机家的活动，尽管房市投机家向开发商买进预售房产时，房子还没盖好（甚至还没动工），然而，在房子盖好之前，投机家们可能已经用更高的价钱把房子转手卖给其他人了。

一般人们最熟悉的是二手房的市场（民众将原本居住的房子拿来出售），它也是房地产市场上的最大宗交易，然而比较来说，预售房产或者新建成的房产是开发商作为卖方，二手房则是一般民众卖给其他民众。这两者最大的差别在于，开发商盖房子的成本可能只有售价的一半，因此，按照售价打七折卖出都有利可图；然而，二手房在一般民众买入时已经是市价，当房价走低时，他们不愿意认赔卖出，这就会导致难以成交的情形，尤其在房市下滑时，新建楼盘项目仍有流动性，而二手房却缺乏流动性（开发商愿意降价求售，但一般民众却不愿意降价求售），这也是房地产市场的投机家们对二手房较不感兴趣的主因。

在中国台湾，过去"有土斯有财"的传统观念在新一代年轻人心中已经逐渐淡化，因此，现代年轻人未必会将买房自住视为人生之必需，反而可以接受长期租房，这对房市的老投机家们来说，是个不利的因素（因为新投入市场的买家不像过去那么多了）。好在台湾地区的股市的波动仍然远大于房地产市场，使得房地产依然是富有者们保存资产的主要选择，因为个股可能一天重挫 10%，而房地产可能一年仅下跌 10%；个股可能跌到退市变成废纸，但是房子甚至可以放 50 年都能居住使用。

股票：散户们相对还能玩的市场

综观前述的五大类资产，几乎没有哪一个市场适合资金薄弱的散户在其中活动，相较而言，股票市场至今仍是散户投机者们最广大而且多元的游乐场，在科斯托拉尼活跃的时代如此，现在也如此，即便在未来，我相信亦如此。

全世界有上百个交易所交易着数以万计的上市公司股票，在中国，现在不仅台湾地区的上市公司多达 1 600 多家，上海和深圳证交所交易的股票也多达 3 000 多只，每天的变动幅度大而且允许小额交易（即便仅有 1 万元也可以有很多交易的选择），这是大小投机者们一致喜欢的市场。

科斯托拉尼说：**"和其他投机对象相比，股票的优势在其长期上涨的趋势，当然这并不适用于每家公司，因为有些公司垮掉了。总体、长期来看，股票是一直向上走的，且结果比其他任何一种投资方式都好。投资者拨出部分财产，购买大型且稳固的公司股票，就会得到最好的机会。如果事情没照预期发展，也只需耐心等待，直到行情重新看涨。"** 他道尽了散户投机者们在这个市场上的优势，因为就算看错了方向，只要持有得够久，一国的股价指数通常会在下一次景气循环复苏之后再持续上涨。也就是说，傻子也能够赚到钱，这是另外五大类资产市场无可比拟的优势。而且，股票市场中的傻子远比其他市场多许多，这也给投机家们提供了丰沛的获利来源。

尽管对于选错个股而惨赔的散户故事在过去数十年间不断上演

着，然而大多数国家和地区的股价指数都已经在 2018 年创下了历史新高（中国台湾地区的加权股价指数若将配息还原后，也频频刷新历史新高），这也孕育出指数化投资，是指数型基金、ETF 在最近 20 年快速崛起、大行其道的主要原因之一。

第 4 章

行情等于资金加心理

分析股市行情趋势的经典公式

行情趋势要看卖方卖股票是否比买方买股票急迫。如果股票持有者迫于心理或物质上的压力，被迫出售股票，而资金所有者虽然想买，却无购买压力，行情就会下跌。反之，如果资金所有者迫切寻找股票，而股票持有者并没有物质或心理上的压力要出售股票，行情就会上涨。

——科斯托拉尼《一个投机者的告白》

对于股市的行情趋势，科斯托拉尼给了一个极为经典的解析公式——**行情发展趋势＝货币＋心理**。具体地描绘了每一次行情的起点是由货币供给的增加而揭开序幕，即便当时景气未见转好，人们心理仍旧悲观，然而往往一年之内，市场就会因为游资充沛并流向股票市场追逐获利而开始变得乐观。相反，当货币供给开始紧缩，那么即便景气仍蓬勃发展，人们心理依旧乐观，然而通常不会超过一两年，股市就会反转向下。

看似简单明了的公式，多数人在实践中却不知该如何运用，百思不解该用什么指标来定义货币，又该用什么指标来衡量心理。我提供一个极具参考性的解答：货币泛指全球主要央行的货币供给总额且为市场流通使用，而心理显现在股价指数与自身均线间的乖离率；**货币主导了行情的中长期趋势，而心理则是牵动行情短期波动的主因。**

这样的区分，将有助于我们更清楚地理解，造成每隔八年至十年多头循环一次的主要力量来自货币供需的循环周期，而股市短期内的涨跌主因则系于市场投资人的心理。

目前，在国际金融市场中，除了少数国家对资本进出采取管制措施外（也就是资金的汇入及汇出，都必须先向当地主管机关申请核准后才可以进行），大多数的国家，尤其美、欧、日等成熟经济体都是允许资金自由进出的。因此，当我们在衡量"货币"这个因素时，并不能只局限于单一国家的货币供给，而应该采用全球的货币总量观点。

目前，由于资金多半可以跨国进行自由流动，全世界股市齐涨齐跌的现象愈来愈明显，因此，我们也可以说全球股市就是一个股市，只是在不同国家的表现略有差异罢了。

美、欧、日三大央行主导了全球资金供给

若要以"全球货币供给总量"作为分析行情趋势的依据，将面

临一个执行面的问题就是，全世界有 200 多个国家和地区，我们不可能逐一累加每一个国家的货币供给数字来求取一个总量。此时运用"二八法则"这个普世智慧，可以协助我们把需要观察的范围缩减到少数几个国家。

事实上，仅以**全球前三大央行，即美国央行、欧洲央行、日本央行的货币供给总额，就足够判断全球资金潮汐是涨潮还是退潮了**。因为全世界流通的货币，主要的资金提供来源还是这些成熟经济体的政府、企业及民间，而其他较小且相对封闭的经济体，其国内的货币供给对国际市场并无影响力。这也是为什么每当这三大央行举行利率决策会议时，全球的投资人屏息以待最新决策及会后声明，据以推敲未来可能的货币趋势，如果决策或措辞鹰派（趋于紧缩的立场），股市往往会以下跌作为反映；如果决策或措辞鸽派（趋于宽松的立场），股市往往则是上涨庆祝。

在 2008 年金融海啸发生后，美联储（美国联邦储备委员会）不仅将利率从 5.25% 降到零利率，更率先推出了量化宽松政策（quantitative easing，简称 QE），欧洲及日本随后也跟进。这是导致全球股市从 2009 年 3 月开始呈现 V 形反转、翻空为多的最主要因素之一。而且，这个由全球主要央行联手宽松所释放出来的资金潮汐，延续到 2018 年，也就是 10 年之后，才在美国的持续紧缩下，开始有涨潮见尾声的迹象。

美国是 2008 年金融海啸之后，第一个走出衰退、带领全球经济复苏的国家，因此，美国的货币政策是目前全世界主要国家中最为鹰派的，自 2015 年 12 月率先启动第一次升息以来，截至 2018 年 8 月总共已经加息 7 次，将基准利率由 0—0.25% 的目标区间提高到了 1.75%—2% 区间。此外，自 2017 年 10 月起开始进行"缩表"，也就是缩减美联储的资产负债表总额，无论是升息还是缩表，均影响美国货币供给总额的减少，也就是趋于紧缩。

欧洲央行在 2008 年跟随美联储执行量化宽松政策，预估要到 2018 年底才会停止。目前欧洲央行的基准利率为 −0.4%，这样的负利率政策可能要持续一段时间才开始转向、进入升息通道。而负利率政策也是 2008 年雷曼破产导致金融海啸后世界首见的，这绝非常态。因此，未来终将回归利率正常化，否则，民众退休储蓄以及欧洲银行业的生存都将遭受严重考验。

日本央行的量化质化宽松（quantitative and qualitative monetary easing with a negative interest rate，简称 QQE）则到 2018 年底前都未见转向，而短期间内也不会升息。因此，我们可以说全球三大央行中，只有美国是鹰派，欧洲和日本仍是鸽派。图 4-1 呈现出美、欧、日三大央行的资产负债表总额变动状况。

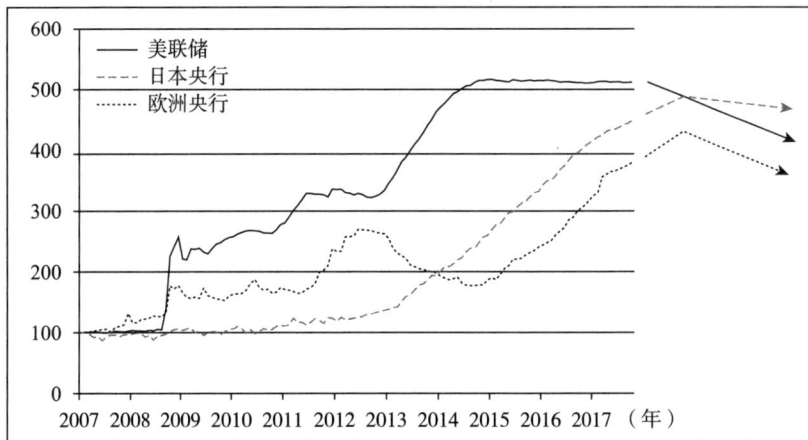

图 4-1　全球三大央行（美、欧、日）的资产负债表（各自以 2007 年初规模为基期 100，呈现出规模扩增倍数）

数据源：彭博信息（数据统计截至 2017 年 12 月底）

除了美、欧、日等三大央行之外，其他还可以留意的主要央行包括了中国央行及英国央行（BoE）。中国央行（中国人民银行）在 2017 年 9 月 30 日宣布，有条件下的"定向降准"宽松货币政策从 2018 年起实施。这清楚明示，中国央行现阶段仍处于持续宽松货币政策中。然而 2018 年陆续出现了部分企业债务违约，中国央行为确保民间资金不致于过度紧俏，政策上也相对宽松，避免因企业倒债现象蔓延而冲击中国经济发展。

英国央行在金融政策上较紧跟欧洲央行的步调，只是由于欧洲央行所要考虑的欧元区国家太多，决策考虑复杂许多，而英国央行的货币政策就相对容易进行，主要以英国自身的通胀及景气状况决定是否升息，因此，英国成为2008年金融海啸发生至今，仅次于美国的第二个率先升息的大型成熟经济体。英国央行在2017年11月2日宣布调升基准利率1码（25个基点），从0.25%升到0.5%，以缓解物价上涨带给英国家庭的压力。这是英国央行10年来首次加息，之前的最后一次加息动作已经是2007年7月的事了。

除了上述的五大央行之外，加拿大、瑞典、瑞士、澳洲、新西兰的央行也扮演了一部分影响全球资金总供给的角色，只是相对而言，他们的影响力比起美、欧、日等三大央行要小得多，因此当这些国家或经济体有利率决策会议时，虽见诸新闻报道，但是通常不影响金融市场。由图4-2所示的全球主要央行的货币政策表可以观察到，除了美国、英国、加拿大之外，其他主要央行在2018年底前都将维持宽松的货币政策，最快也要等到2019年才会启动升息循环。

表 4-1　全球主要央行的货币政策表

国家或地区	最近 5 年内升息次数总计
美国	8 次（2015 年 12 月—2018 年 9 月）
欧元区	无（最快 2019 年以后）
日本	无（最快 2019 年以后）
中国	无（最快 2020 年以后）
英国	2 次（2018 年 8 月）
加拿大	4 次（2017 年 7 月—2018 年 7 月）
瑞典	无（最快 2019 年以后）
瑞士	无（最快 2019 年以后）
澳洲	无（最快 2019 年以后）
新西兰	无（最快 2019 年以后）

数据源：彭博信息（数据统计截至 2018 年 9 月 30 日）

货币供给对于债券市场的影响最为直接

事实上，货币供给的循环，不仅影响股市的多空循环，甚至还会影响债券市场、外汇市场、商品及原物料市场、房地产市场等其他广义市场的价格循环。**对于债券市场来说，货币市场是它最直接的竞争者**。比如，如果你花了 100 万元买进一只债券，一年后到期本利和为 103 万元，赚到本金 3% 的利息，但是却要忍受在持有过程中的价格波动。如果是政府公债的话或许没有太大违约风险，但若是公司债，则更要担负债券到期之前公司发生违约倒闭的风险。因此，这 3% 的利息是隐含多重风险的。如果投入货币市场，如银行定存一年也可获取 3% 的利息，相对之下，债券只提供 3% 的报酬率也就无法吸引投资人了，人们宁可选择银行存款较稳当的 3% 利息。

目前美国 10 年期公债的收益率大约在 3% 左右，而美国联邦基金利率（被视为美元的基准利率，是货币市场的主要指标）已经达到 2%，倘若美联储再持续加息 1%，使美元货币市场利率达到 3% 的水平，那么美国 10 年期公债的收益率继续停留在 3% 就不合理了，必须提升到更高水平，例如，3.5% 甚至更高才足以吸引投资人继续持有，否则投资人势必将资金往美元货币市场挪移。

有一个例外状况，当市场普遍意识到美国的景气高峰已经来到，未来一两年可能步入景气衰退，人们预期美联储即将停止加息，甚至未来将步入降息的循环，这对于美国公债而言却是个大利多。基于此，尽管货币市场利率高达 3%，人们也会想要买进长期公债，从而促使长期公债的收益率不升反降，因为预期将来降息，债券价格上涨，就会赚到额外的利润。

债券价格与收益率呈现反向关系，收益率上升代表债券价格下跌，而收益率下降之于债券价格是上涨的。这里所谓的收益率，意指从债券价格当中推算出来的"将债券持有到期的内在报酬率（是有风险的）"，与货币市场利率（接近无风险的利率）迥然不同，但却因为前文所描述的竞争关系而使这两种利率呈现亦步亦趋的样貌。

从图 4-2 美国公债收益率曲线图可以观察到，最短期限的美国公债是 3 个月期的，目前收益率约为 2%，与美国联邦基金利率 2%相当，这些都算是美元货币市场利率的重要指标。对于不同期限的美国公债，正常来说，愈长期的公债收益率愈高，因此收益率曲线为正斜率是常态，倘若出现负斜率，也就是市场上俗称的"收益率曲线倒挂"，则往往景气前景堪忧，避险的资金涌入了长期的公债市场，大量买盘推高了价格，使收益率低于其他较短期限的美国公债。在过去 30 年间，每每出现收益率曲线倒挂现象，之后几个月到一年的时间普遍都出现了全球性的经济衰退。

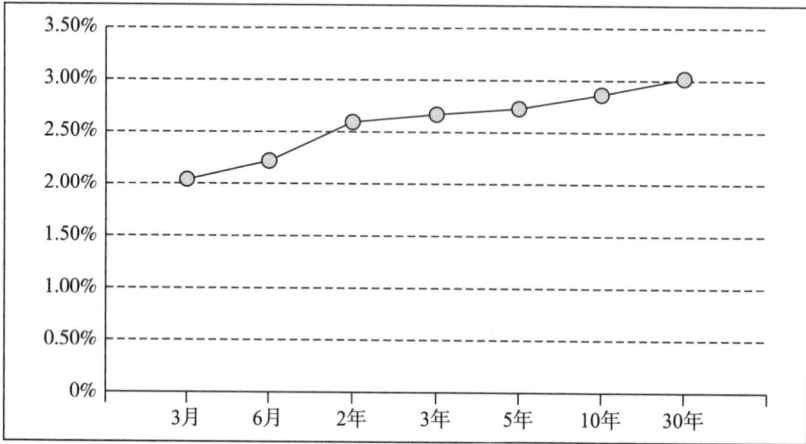

图 4-2　美国公债收益率曲线图

数据源：巨亨网（2018 年 8 月 10 日）

　　若要总结利率的循环对于债券市场的影响，我们可以说两者是**反向关系，当全球央行开始紧缩资金而加息时，债券将首当其冲。**至于股票、房地产市场，加息未必会马上对这两个市场造成冲击，因为景气火热对于股票和房地产的价格推动力量大过了利率上升的负面影响，唯有到了加息循环的末期，企业负担不了过高的资金成本，以及房地产投资者对过高的利率感到无法承担时，股价和房地产价格才会开始反转向下。因此，在每一次的加息循环过程中，通常债券投资者先受伤害，之后才会扩延到股票与房地产投资者。

利差是影响外汇市场的主要因素之一

所谓利差，就是利率的差异，比如说美元一年期的存款利率高过同期的欧元存款利率，那么这个利差就是正值。通常利差是影响外汇市场的主要因素之一，但并不是"利差的绝对数字"而是"利差的变动"，因为目前的利差大小已经充分反映在市场上，已属过去式，市场维持在均衡状态（也就是目前的汇率水平），除非利差又有了新的变动，汇率才会再进一步往新的均衡移动。

更严格来说，**实际上真正会对汇率产生变动的，是"人们预期未来利差的变动"，而不是"实际的利差变动"，因为金融市场有"既成事实"的现象**。人们秉持预期未来的信念进行投资与交易，因此当人们预期未来利差将变动时，便据以进行交易，而等到事实真正发生之后，大致上也反映得差不多了。这也验证了**华尔街百年来颠扑不破的真理："买在耳语时，卖在确认时。"**

举例来说，尽管 2018 年美国持续进行升息，而欧洲维持利率不变，然而美元兑欧元的汇率并不会因此单方向持续走高，理论上虽然美、欧之间利差扩大会使美元兑欧元升值，但实际上却是上下波动，甚至会出现反方向的走势。因为"美国将持续加息"这事件普遍已经成为市场的共识，除非美联储透露出加息步调要加速或者加息次数要增加，如此才会更进一步推升美元兑欧元的汇率。

由图 4-3 欧元兑美元汇率的走势图可以观察到，从 2015 年 5 月到 2016 年 12 月期间的欧元是震荡走低的，因为该期间美联储释放给市场的讯息是美元未来将持续性加息，最高甚至可能在 2019 年加息将达到 3.75% 的目标水平。然而，时间进入 2017 年，由于美联储并无再上修加息目标，甚至有下修的状况（这等于是对原本市场上已经普遍达成共识的未来美、欧之间利差进行了下修），使得欧元兑美元在 2017 年期间呈现了大幅度上涨。由此图可以明显感受到，汇率的变动并非由"实际的利差变动"所造成的，而是由"市场上人们预期未来利差的可能变动"所导致的。

当然，预期未来利差的变动只能提供中长线趋势上的方向指引，却无法用来解释每一天的外汇市场波动。这就像科斯托拉尼对于股市的经典公式：行情发展趋势＝货币＋心理，货币只能解释中长期的趋势方向，然而短期的涨跌是根据市场心理的变动而产生的。影响外汇市场短期波动的因素相当多，包括美联储、欧洲央行任何一位委员的谈话、地缘政治风险，甚至美国或欧洲所公布的任何一个重要经济数据，都可能造成短期的市场心理改变，进而影响汇率的波动。

图 4-3　欧元兑美元汇率

数据源：彭博信息（2015 年 5 月 1 日—2018 年 6 月 19 日）

利率循环与通胀循环高度正相关

各国央行调整利率政策的主要依据，就是对于未来经济前景的展望，以及对于通胀的预期，通常只要景气持续过热，引来通胀的蠢蠢欲动，**央行必须防患于未然，在通胀还没真正出现之前就必须提早采取行动**。因为货币政策在实施上会有时间的延迟性，当央行决策升息之后，通过银行体系的货币乘数效果逐渐发挥效用，约略9个月后才会充分反映在市场上。

以本书在中国台湾地区出版的 2018 年的状况来看，美国的通胀数据尚未达到过热阶段，然而美联储却已经从 2015 年 12 月开始进入了升息循环。央行视恶性通胀为大敌，就像电影《大敌当前》（*Enemy at the Gates*）当中狙击手的对决，基本上你必须要在对方的狙击手还没进入潜伏阶段之前就要先采取应对策略，否则一旦对方已经埋伏于现场，要压制就很困难了。

我们也可以形容央行打击通胀就像消灭怪兽,最好是还在恐龙蛋阶段就把蛋打破,否则暴龙一旦孵化出来,进入了市场到处乱窜,要抓住它、完全消灭它,就要付出更惨烈的代价。因此,美联储明知维持低利率可以让企业和民众更受惠于低资金成本的环境,然而将来一旦恶性通胀出现,泡沫破灭,所有人都要承担更严重的后果,**美联储宁可打破许多颗蛋,也不要放过一颗可能是暴龙的蛋。**

利率的循环和通胀的循环周期是相同的,只是两者之间存在"时间差",由于央行对通胀有防患于未然的提早动作,使得利率的循环往往早于通胀的循环 9 个月至 1 年的时间。

股市投资人并不用害怕温和的通胀(除了恶性通胀),要怕的是通货紧缩;相反的,通胀却是债券投资人的大敌,债券为股票的竞争者,通胀加速企业营运规模的膨胀且带动市盈率同步攀升而使股价受惠;通胀导致债券实质利息收益下降,对债券投资人却是伤害。当央行为了打击通胀怪兽而持续加息,通常敲破的都是债券投资人的蛋,然而到最后,连股市和房地产投资人的蛋也连带会被敲破。

能源和大宗商品(commodities)的价格往往和通胀具有高度的正相关,因此,石油和原物料作为多数物品的上游原料,只要景气复苏来到后期,物价明显攀升时,油价和原物料价格也随之大幅上涨。比如,2018 年已经是 2009 年以来全球景气扩张期的后段，然而却见原油价在 2016 年 2 月份来到每桶 26.05 美元触底之后，开始持续向上攀高，直到 2018 年 7 月高点 75.27 美元，波段涨幅高达 189%，目前也仍在多头趋势当中而看不到翻空的迹象（如图 4-4 所示）。

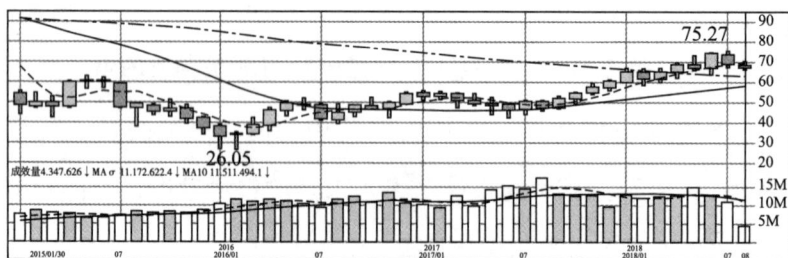

图 4-4 纽约轻原油期货价格走势月 K 线图

数据源：XQ 操盘高手（2015 年 1 月—2018 年 8 月 13 日）

房地产的价格循环跟随着通胀前进

房地产是有钱人除了在股票与债券等金融资产之外的主要财富

累积工具，但它明显和股票与债券不同的是，房地产属于"实体资产"（real assets）的一种，它可以被居住使用，也可以出租收取租金，甚至拿来抵押借款做其他投资之用。

大多数的实体资产都具有和通胀高度相关的特性，因为当景气过热、市场游资过多、商品原物料价格高涨的时候，房地产的价格也会因为建造成本的上扬而反映在市价的上升上。但是，**除了反映建造成本的上涨之外，"财富效果"也是另一个推升房地产价格的主要因素**。因景气复苏，人们所得增加，当可支配所得明显增加时，也就有能力负担更高的房价及较高的房贷利息支出，买房、换房的需求攀升，这往往是在景气后段才显现的趋势。

中国台湾地区的股市在 2017 年 5 月突破一万点大关时，买房气氛并不热络，然而一年之后，到了 2018 年第二季，房市却在成交价与成交量上开始明显升温，因为只要股市维持万点够久，人们财富水平增加之后，买房、换房的能力自然提高。房地产是台湾地区有钱人仅次于股市的另一个主要财富储存工具，当有钱人在股市赚到足够财富，却不愿继续在股市投入过多资金的时候，房地产市场就成了最好的资金去处。由图 4-5 国泰房地产指数：中国台湾地区的价量指数趋势图（季），我们可以观察到 2018 年第二季的成交量明显跳升，是最近 3 年来成交量的两倍至三倍之多。

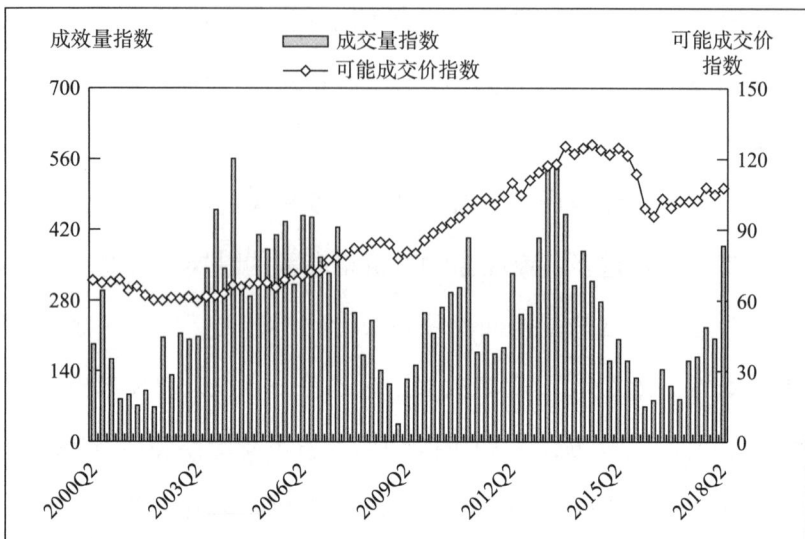

图 4-5　国泰房地产指数：中国台湾地区价量指数趋势图（季）

数据源：国泰建设官网（国泰房地产指数 2018 年第二季季报）

第 5 章

狗 和 主 人

比喻股市与经济的关系

有一个男子带着狗在街上散步，像所有的狗一样，这狗先
跑到前面，再回到主人身边。接着，又跑到前面，看到自
己跑得太远，再折回来。在整个过程中，狗就这样反反复复。
最后，他俩同时抵达终点，男子悠闲地走了一公里，而狗
跑来跑去，跑了四公里。

——科斯托拉尼《一个投机者的告白》

市场上常有人说"股市是经济的橱窗",事实上,这话只有部分正确。因为我们往橱窗中仔细看,会发觉那里充斥很多假货,因为添加了过多人们的贪婪和恐惧色彩,和真迹相比,假货差得可远了。唯有把人性造成价格扭曲和偏差的部分完全消除掉,股市才能真实反映经济的样貌,但是,少了人性,股市就不是股市了!

从图 5-1 台股指数 2008 年初—2018 年 8 月 16 日的周 K 线图(采用对数坐标),我们可以观察到,在 2009 年以来的景气复苏过程中,台股指数是明显处于多头的趋势当中的。然而,真实走势并不是一条直线,而是上上下下来回游走的。倘若我们试着画出一条直线,如图 5-1 中指向右上角的箭头,作为牵狗散步的主人走势,那么显然股价指数真实的走势就好比狗游走在主人前前后后的路径,指数从 7 000 点涨到 11 270 点,上涨 4 270 点,然而真实的加总股价涨涨跌跌其实应有好几万点。

图 5-1　台股指数 2008 年 1 月—2018 年 8 月 16 日的周 K 线图（采用对数坐标）

数据源：XQ 操盘高手

　　台股中的证券玩家们，觊觎着指数上上下下加起来有几万点的空间，想要在指数上涨期间靠做多获利、在指数下跌期间靠做空获利。看似有几万点可观利润空间，实际上经验丰富的老手们却会斩钉截铁地说，那是看得到而吃不到的。因为在过程中，狗是毫无规律地来回穿梭，当你确定了它跑的方向，准备往前扑过去抓住它，此时它往往已经要掉头，让你扑了个空。也就是说，当你看到指数大跌，似乎确认了要向下走，于是你去放空，结果往往反被轧空。

　　我们也可以观察更短的周期，如图 5-2 是台股指数 2016 年初一

2018 年 8 月 16 日的日 K 线图（采用绝对坐标），我们也能够比照前述图 5-1 的做法，画出一条指向右上角的箭头，作为牵狗散步的主人走势，同样也会发现，真实的股价走势是围着主人上上下下来回跑的。**这种大层级走势和较小层级走势雷同的特性**，就是一般我们常说的"股性"。通常同一国的股市或者同一家公司的股票，其股性在短时间内是不太会改变的。

图 5-2　台股指数 2016 年 1 月—2018 年 8 月 16 日的周 K 线图（采用绝对坐标）

数据源：XQ 操盘高手

另外，为什么图 5-1 采用对数坐标，而图 5-2 采用绝对坐标呢？这只是一个实践运用上的比较范例。当时间拉长（例如超过 10 年）在指数已经距离基期很远的状况下，对数坐标才能够真实反映

"股市的涨跌幅"，而降低"涨跌的点数"并无法反映涨跌幅的缺点。例如，假设基期是 1 000 点，那么涨 100 点就是 10% 的大涨，然而如果指数基期已经垫高来到了 1 万多点的水平，那么这时候涨 100 点是根本不到 1% 的小涨。因此，**为了比较长时间内、不同时间段落之间的涨跌幅差异，最好采用对数坐标图，才比较能够进行跨时间的比较。**

股价指数的走势像狗，指数期货的走势像狗的影子

股价指数就像兴奋的狗，在主人前后来回穿梭，那么指数期货的走势就像狗的影子一样，与狗形影相随，时而在左，时而在右，时而变长，时而变短，但总是与狗寸步也不离。如果一个投资人无法在现货市场抓住那只兴奋的狗，那么他就更无法在期货市场抓住狗的影子。

科斯托拉尼说过一句很有趣的话："**我常去证券交易所，因为其他地方都不像这里，能看到这么多傻瓜。并不是我对傻瓜感兴趣，而**

是为了进行和他们截然不同的动作。"真正的投机家，并不忙碌于追逐狗或者狗的影子，而是专注于判断主人前进的方向，**他们事先在前方撒网，只要抓住了主人，狗早晚会自动落网。**

当然，并不是说没有人可以在期货市场获得利润，但往往需要全职投入、随时随地保持对市场的监控，才能够在突如其来的大幅跳空（走势出现不连续地突然向上跳升或大幅度地杀低）发生时，进行实时风险控制。因为期货市场具有高度杠杆的特性，往往杠杆高达 10 倍，当现货市场价格下跌 10%，因而造成本金的 10% 损失，本金剩下九成，但只要之后上涨 11% 就可以再创下新高。然而，期货市场因为具有高达 10 倍的杠杆，只需价格下跌 10%，你就已经亏光所有了，就算之后市场回涨 10 倍，可你已没有本金参与其中了。

为什么狗总是会回到主人身边

均值回归（mean reversion）是投资学中的一个重要概念，是指股票价格无论高于或低于价值中枢（称为均值，英文为 mean），通常会以很高的概率向价值中枢进行回归的现象。因为如华尔街的谚语：
"树不会长到天上去。"上涨或者下跌的趋势不管其延续的时间多长，
都不能永远持续下去。涨得太多了，就会向均值移动而下跌；跌得
太多了，就会往均值上升移动。

造成均值回归现象的主因，在于**全世界可供作为投资工具的资
产类别相当广泛，股市只是其中之一，而债券市场和房地产市场显然
是股市最大的竞争者**。当股市经过连续的上涨，而使价格偏离该有
的价值太多的时候，投资人（尤其是相对理性的机构法人）就会停
止买进，甚至做出获利了结的卖出动作，因为他们并没有必要冒险
去买进已经明显偏贵的资产，而是宁可逢低买进其他相对较便宜的
资产类别。

所谓均值，并不一定是一个固定不变的数值，而是会随着时间
改变的，就如图 5-1 及图 5-2 中指向右上角的箭头。在多头趋势中，
均值会随着时间的推移而向上移动；相反，在空头趋势中，均值则
会随着时间的推移而向下移动。

"回归分析"（regression analysis）是一种统计学上分析数据的方
法，目的在于了解两个或多个变量间是否相关、相关方向与强度，并
建立数学模型以便观察特定变量来预测未来的可能发展。如图 5-3
所示，X 轴是自变量，Y 轴是因变量，回归分析可以借由统计软件

的辅助，产生出一条最能够解释 X 和 Y 之间关系的回归线，就是图
5-3 中的上升趋势线。

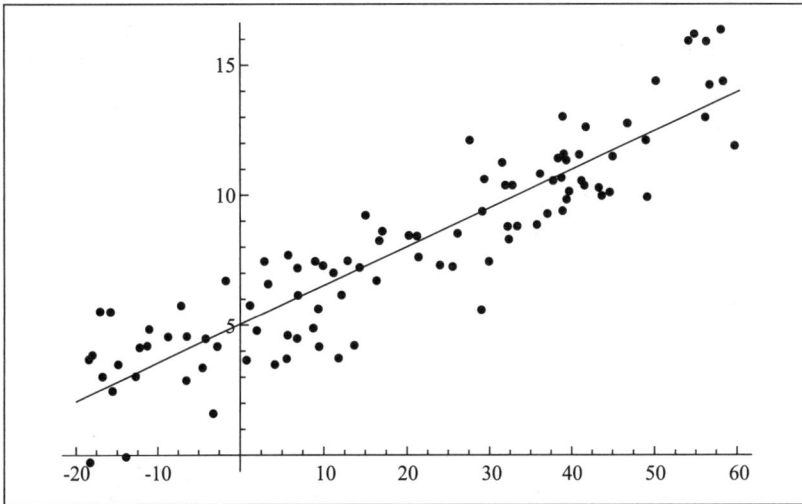

图 5-3 统计学上的回归分析

数据源：维基百科

回归分析也普遍被机构法人应用在金融市场投资中，作为分析
预测模型使用，其中也包括了股价趋势的预测。然而，在股市中较
特有的一个现象，是当**产生了一个明显的市场趋势之后，它会强化人
们的投资信心，因而促使人们更勇于投资，进而让原本的趋势加以延
续，这也就是股价趋势的惯性**。除非经过很长一段时间之后出现了

重大的结构性转变，或者市场的风险偏好明显改变，否则这样的趋势可能会长达好几个月甚至好几年，如图 5-1 及图 5-2 中的台股走势，在多头市场趋势已经延续了好几年。

上述"自我强化"现象，在过去数十年来的国内外股市相关实证研究上被普遍证实，因此有专有名词来解释这一种现象，即"自我回归"（autoregressive），在当近代学术圈用来预测股价未来走势的模型，也将这样的特性嵌入了预测模型当中，成为基本特性之一。这也解释了为什么每每股价偏离了中枢之后，总会有一种力量让股价回归到中枢的水平，因为当股价已经明显呈现出一个多头趋势之后，人们倾向于相信这个趋势还会再持续下去，因此勇于在股价明显偏离的状况下做出反向投资的行为，这也使得"均值回归""自我回归""反向投资"成为密不可分的伙伴。

回归分析与五线谱投资术

有关狗和主人的关系，以及统计学上有关回归分析的模型，已

经被广泛应用在金融市场的实务投资上。例如，"乐活五线谱"投资
术就是采用回归分析的方法，利用价格偏离中心趋势的程度，来作
为加码或减码操作的依据。图 5-4 为中国台湾地区加权指数的乐活
五线谱，可以看到此波上升轨道的基本趋势（中心的那条线），以及
正负两个标准偏差（standard deviation）之水平，这是以过去一年的
历史走势来进行回归分析的结果。

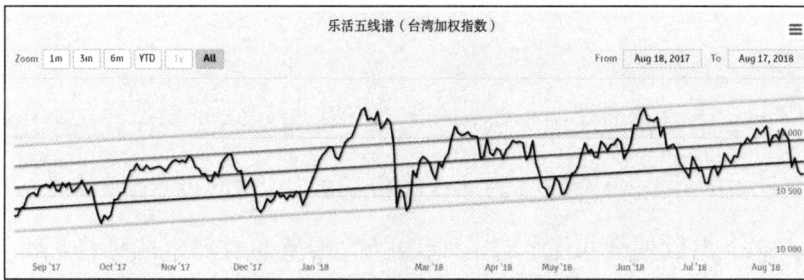

图 5-4 中国台湾地区加权指数最近一年的回归分析

数据源：乐活五线谱（http://invest.wessiorfinance.com/notation.html）

在实务操作上，我们可以假设一位投机者在多头时期的策略为
持股从 0 到 100% 之间进行动态调整，那么，当指数下跌到接近负两
个标准偏差时，将持股拉高到 100%；当指数上涨到接近正两个标准
偏差时，将持股降到 0，这样就是一个低买高卖的区间操作策略，区
间以回归分析的正负两个标准偏差为基准，而不是固定的价位。这

样的策略，等同于采用客观的统计学方法来调整持股水平，能够帮助投机者建立操作的纪律及稳定性，是投机初学者不错的参考工具。

大盘指数会永续，但个股则未必

许多国家和地区的大盘指数是所有上市公司混合计算的平均指数，比如，中国台湾地区的加权股价指数，只要台湾地区的股市存在，这个指数就会永远存在。有些指数则是通过特定的采样标准及计算方法，针对特定目标计算出来的一个指数，比如，美国标准普尔500指数就是采样市值最大的500家公司作为指数编制基准，日经225指数则是针对东京证交所中的225家大型企业作为指数编制基准，富时中国A50指数就是只采样中国大陆地区50只龙头股。

无论是涵盖所有上市公司的指数，还是筛选特定采样标准的指数，只要是这些指数的编制原则有内部汰换机制，那么这些股价指数就能够永远存在。比如，在台湾地区加权股价指数中若有成分股退市，那么这些退市的公司也会被剔除在指数之外，这是一种自然淘汰机制；国际上绝大多数的指数都有年度或季度的检视调整机制，会纳入较具有代表性或较具竞争力的新公司作为成分股，同时剔除被淘汰的公司，这是一种人为的汰换机制。比如，摩根士丹利资本国际（MSCI）所编制的各种指数，几乎都会有季度检视与调整，这等于是每一季帮指数进行"换血"，因此可以让指数永保年轻，甚至延续永久。

如果将"主人与狗"的相关含义运用在指数型投资，如 ETF 或指数型基金的进出操作上，几乎套用在全世界各主要股价指数上都是可行的。然而，若要运用在个股的进出操作上，就会导致极高风险。这主要牵涉两个问题：**个别公司可能会被淘汰，以及个股的股价容易受人为操控。**

指数内部有自然淘汰机制或者定期检视调整的人为汰换机制，因此得以永续，而个股往往被淘汰了就面临退市甚至公司倒闭，因为指数的成分股多，如果有一家公司被淘汰就会有新的公司可以马上递补上来作为新的成分股，但是通常一家公司被淘汰，可能是整个产业的变革，甚至整个产业供应链从此消失，永远不会回来。这也是为什么目前全世界许多国家的大型退休金制度，是将民众的退休金投资于以大型股为主的基金或 ETF，而几乎不直接投资于个股的原因。指数涵盖范围往往包括了许多不同的产业，因此即便有特定几个产业遇到重大变革，对整体指数的冲击也相对有限，但是单一个股若遇到所属的产业被淘汰，可预见的个股荣景势必将一去不复返。

个股的股价在短期内也可能被主力大户等特定人士操控，以至于严重偏离正常轨道，甚至长时间偏离。因此，即便我们能够判断主人前进的方向（也就是价值投资者眼中所谓的"内在价值"），也未必能够知道那只失控的狗要往上还是往下狂奔多久。**投机者们若要运用主人和狗的关系，那么最好运用在指数型投资上，否则有可能被疯狗咬伤，或者主人发生意外，倒地不起。**

第 6 章

固执的人和犹豫的人

股票掌握在什么人手里，决定后市的涨跌表现股市投资人的心理状态决定了中短期的股市走势，也就是说，股市的中短期表现，要看股票是掌握在资金充裕且固执的投资人手中，还是在犹豫、容易惊慌失措的投资人手中。

——科斯托拉尼《一个投机者的告白之证券心理学》

科斯托拉尼认为：**"固执的投资者须具备四种要素：金钱、想法、耐心，还有运气。"**以上四者也是成功投机家的四要素。与固执的投资者相对的，是犹豫的投资者。即便一个人具备了上述好几项要素，但只要是因为缺乏金钱，或者缺乏想法，或者缺乏耐性，也终将沦为犹豫的投资者。

　　其中"有金钱"，是无论投资或投机都必须具备的基本要素，绝对金额的多寡并不是关键，而是有闲钱无压力且具充裕时间，让自己去验证自己看法的对错。如果用来投资或投机的资金并不是自己的，是借来的（有负债），或者并非毫无时间压力，这种情况下的资金，不配与一位好的投资家或投机家并肩作战，甚至这样的资金来源反而可能是造成亏损的主因。我们可以说，**没有闲钱的人，没有资格固执。**

股票掌握在什么人手里，决定了后市的涨跌表现。如果股票从犹豫的投资者手中流入了固执的投资者手中，那么稳定的筹码就可以支持股市上涨；反之，如果股票从固执的投资人手中流向了犹豫的投资人手中，那么股价就会易跌难涨。短期来说，股价取决于筹码的供给和需求，因为**短期筹码数量是固定的，只要买方的急迫性高于卖方的急迫性，股价自然会涨；反之，股价会跌**。

2018 年，台股最经典的个股案例为被动组件龙头厂国巨（2327），其股价在 2018 年上半年狂飙大涨了数倍，并且在 2018 年 7 月 3 日股价创下 1 310 元的新高，成为台股的股后（股价之高，仅次于股王大立光），然而从图 6–1 国巨最近一年的股价、融资余额与主力持股可以观察到，当股价涨过 1 000 元以上高价时，主力持股明显下降，站在卖方，而融资余额却持续蹿高；当 2018 年 7 月上旬股价从 1 310 元跌回 1 000 元附近时，融资余额暴增，显示有许多散户在 1 000 元左右选择勇于买进。然而，到了 2018 年 8 月中旬，股价跌破 600 元，在 1 000 元融资买进的人，早已斩仓（若持续补缴保证金是不至于斩仓的，然而当股价下跌 40% 在融资的杠杆 2.5 倍之下，也赔光了 100% 的原始本金）。

为什么固执的投资者是主导股市多空的主要力量呢？100 个散户有 100 条心，而 10 个主力有时却是一条心，无论当时主力是公司

派大股东、外资法人，还是市场派有钱的大户，只要是主力，通常
资金雄厚、信息充足，并且有耐心可以等待。股票从犹豫者手中流
向固执者手中时，往往筹码会集中，因为固执者可能只进不出，持续
吸收来自市场的筹码，当多数筹码集中在少数人手里并且持有不卖
出时，股价便很难跌；反之，主力出货时，尽管有为数众多的散户
们来承接，也撑不住股价。这是用基本面无法解释的，全凭筹码面
决定，而反映在价量上便是技术面所呈现的结果。

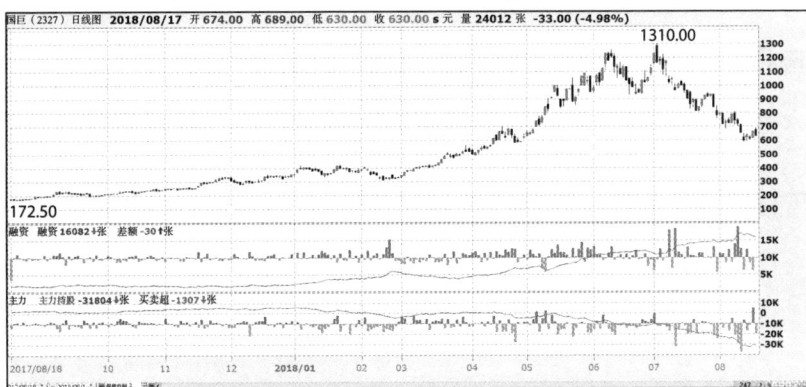

图 6-1　国巨（2327）最近一年的股价、融资余额与主力持股

数据源：XQ 操盘高手（2017 年 8 月 18 日—2018 年 8 月 17 日）

以中国台湾地区的股市为例，往往借由**融资余额的多寡作为观
察犹豫投资者的心态**，因为融资的钱是借来的，有还钱的时间压力，

因此使用融资而持有股票的人，相对来说无法拥有耐心来等待。在股价大涨时，因为杠杆效应，融资者的利润快速增加，因此往往不会急着马上离场，而是认为自己有足够的获利用来保护成果，有机会获利更多，这是一种贪婪的心理；相反，当股价大跌，融资者亏损的程度以倍数放大，因此往往急于出场，这是一种恐惧的心理。基于上述可知，股价上涨时，往往融资者并不会卖，只有亏损时才会卖，因此融资者多半以亏损收场，当然是不言而喻的结果。老手们都清楚，**融资并不会放大一个人的实力，而只会放大一个人的贪婪和恐惧**。

由图 6-2 我们可以观察到两个现象：其一是指数在大涨时，融

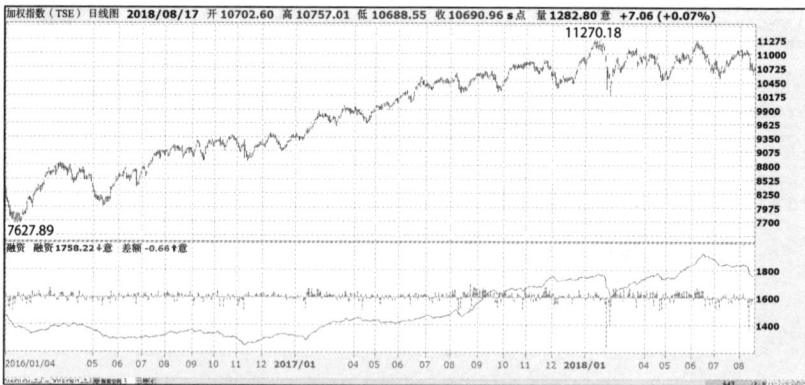

图 6-2　台股大盘指数和融资余额的关系

数据源：XQ 操盘高手（2016 年 1 月 4 日—2018 年 8 月 17 日）

资会跟着增加，而且指数涨得愈高，融资余额就会愈多，这就是前述的"贪婪"现象，只要股价上涨，融资者是不会出场的，他们必须亏损才愿意离场；其二是融资余额有落后于指数的现象，往往指数高点已经过了，融资余额随后才会创下新高，而当指数低点已经过了，融资余额还会持续创新低一阵子，这意味着，融资者普遍后知后觉。

不要借钱买股票

科斯托拉尼强调："**绝对不要借钱买股票**。"因为即便你的看法是对的，往往也无法撑到最后证明自己是对的那一刻，而在中途已经斩仓或被迫出场。**在股市中，只有赢家和输家，你就算懂得再多，若最后是以赔钱离场的，那么顶多也只是个愚蠢的专家**。

许多专业人士，包括医师、律师、工程师，在现实的股市交易中损伤惨重，并不是因为他们懂太少，而是他们懂得愈多专业知识，就愈容易陷入事事都应建立在理性逻辑判断的泥淖中。然而，股市往往充满着不理性的现象，股市里的逻辑和我们真实世界里的逻辑截然不同。因此，愈是笃信科学根据的人，到了充满人性贪婪与恐惧的市场中，愈显得格格不入。

科斯托拉尼说："2×2 ＝ 5-1，这个公式刚好将艺术与科学分开，因为科学工作不可能用这样的公式计算，从数学角度看，他的计算必须准确无误。……但还没等到得出 4 的结果，桥就已经在 5 的时候倒塌了。"事实上，从 2000 年科技泡沫及 2008 年金融海啸的股市实际走势来看，"2×2 ＝ 5-1"这个算术公式还是过于理性了，因为在这两次空头市场中，即便是最稳健的美国股市也被拦腰斩断，只剩一半，所以是"2×2 ＝ 8-4"。

我在华尔街工作的同事跟我说，2008 年金融海啸发生的时候，美国人都笑称他们的退休金制度变成了 201(k)，就是在挖苦美股的表现几乎让他们的账户总值腰斩。[①] 由图 6-3 我们可以观察到，即便是美国股市中最稳定的前 500 个大企业，股价也难逃腰斩的命运。

---

① 美国的 401(k) 退休福利计划，是美国于 1981 年创立的一种延后课税的退休金账户计划，因为此规定在国税法第 401(k) 条中，故简称为 401(k) 计划。

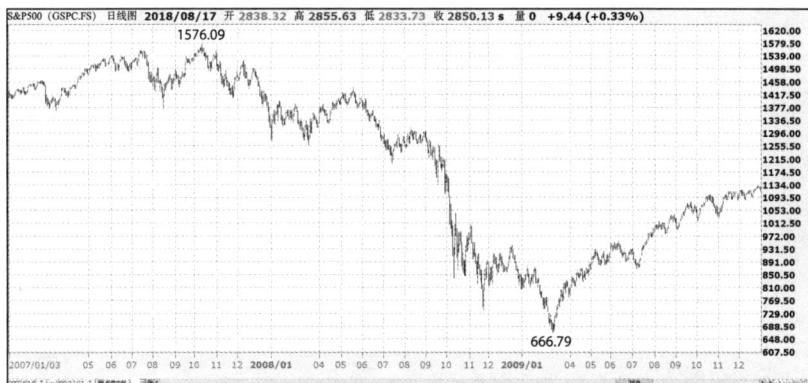

图 6-3 美国标准普尔 500 指数在 2008 年金融海啸期间的表现

数据源：XQ 操盘高手（2007 年 1 月 3 日—2009 年 12 月 31 日）

2008 年金融海啸期间，台湾地区加权股价指数从 2007 年 10 月 30 日高点 9 859 点，跌到 2008 年 11 月 21 日低点 3 955 点，仅仅 13 个月，大盘指数跌掉了六成（如图 6-4 所示）。因此，我们可以说在台湾的现象是"2×2 = 10-6"。愈是散户比重偏高的市场，犹豫的投资人相对就愈多、市场愈显不理性，往往在上涨的时候超涨过多，而在回调修正时摔得更重，这就是犹豫的投资人典型的杰作。**无论在全世界哪一个地区、哪一个国家，只要是犹豫的投资人多的地方，那个地区或国家的股市暴涨暴跌的现象也就愈发明显。**拿出这些国家或地区的股市走势图来比较，仿佛人种和气候的差异都不重要了，唯有散户的"画作"如出一辙。散户无国界，世界一家村。

图 6-4　台股指数在 2008 年金融海啸期间的表现

数据源：XQ 操盘高手（2007 年 1 月 2 日—2009 年 12 月 31 日）

事件本身并不一定会造成股价涨跌，而是人们怎么想

市场评论家总是会在股市大涨或大跌之后找理由解释原因，但是科斯托拉尼认为这些评论毫无用处，伟大的投机家们分析行情的

重点，并不是在研究事件本身，而是细腻地去观察 **"当重大事件发生时，市场的反应有多强（或有多弱），来据以判断目前市场的信心有多强（或有多弱）"**。

股市的逻辑是这样的：同一个因素可能造成股价上涨，但却也可能完全相反（使股价下跌），发生的事情本身并没有绝对的影响，而真正会影响股价的是人们对事情的解读或期待。当一个利多消息已经被市场充分接受，那么利多出尽股价自然下跌收场；反之，当一个利空消息已经被市场接受，那么就会利空出尽成就股价大涨。这也道出**股市当中往往艺术的成分大过科学的成分，愈是想象力丰富的人，也就愈能够看懂股市不规则中的规则**。

2003 年初，"美伊战争"箭在弦上，油价从每桶不到 20 元狂飙超过一倍，挑战每桶 40 美元。然而在 2003 年 3 月 20 日美国正式对伊拉克宣战之初，油价就快速跌回每桶 32 美元，从最高点重挫了 20%。战况并不重要，重要的是市场担忧的程度是在扩大还是在收敛，这才是影响行情的关键。在美国还没正式对伊拉克宣战之前，有太多不确定性和想象空间，然而在美国公开宣战之后，变量少了，态势明确了，对油价的想象空间也就变小了，因此股价回归理性。

第 7 章

科 斯 托 拉 尼 鸡 蛋

证券市场循环过程的内容结构

为了正确判断市场是过度买进，还是过度卖出，大家首先必须了解上涨和下跌的内在结构，因此对这两者必须同时观察。在证券市场，涨跌是一对分不开的搭档，如果分辨不出下跌的终点，就看不出上涨的起点，同样，如果大家辨别不出上涨的终点，也就预测不到下跌的起点。

——科斯托拉尼《一个投机者的告白》

在《一个投机者的告白》原版著作问世 20 年之际，目前全世界最广泛流传且应用在实际投资上的一个智慧就是"科斯托拉尼鸡蛋"理论，而我认为，既然这个理论在实践上已经被证明可用，那么直接称之为"科斯托拉尼鸡蛋"也不为过。

在《一个投机者的告白》原著中，科斯托拉尼将行情的完整循环周期分成了六个不同阶段（如图 7-1 所示），并针对各个阶段进行以下描述：

A1 ＝修正阶段（成交量小，股票持有人数量很少）。

A2 ＝相随阶段（成交量和股票持有人数量增加）。

A3 ＝过热阶段（成交量异常活跃，股票持有人数量大，在 X 点达到最高）。

B1 ＝修正阶段（成交量小，股票持有人数量逐渐减少）。

B2 ＝相随阶段（成交量增加，股票持有人数量继续减少）。

B3 ＝过热阶段（成交量很大，股票持有人数量少，在 Y 点达到最低）。

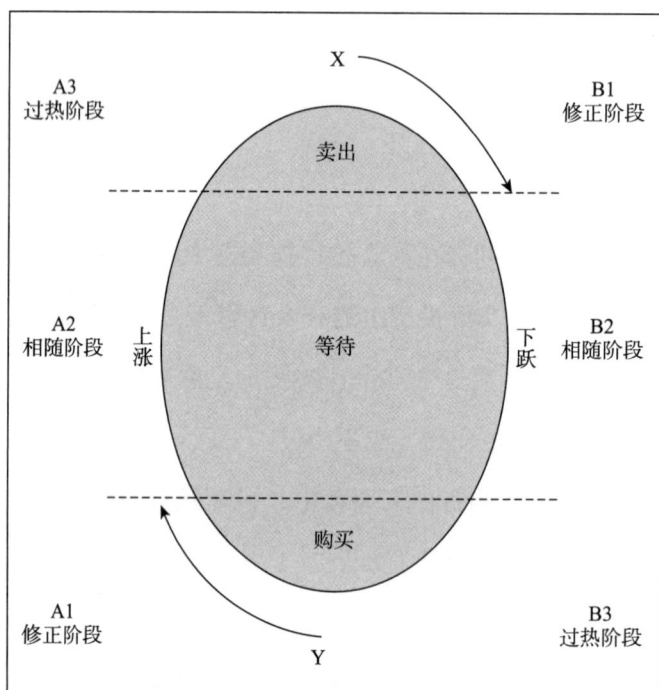

图 7-1 "科斯托拉尼鸡蛋"与行情的六种不同阶段

科斯托拉尼认为，在 A1 和 B3 阶段时，购买股票；在 A2 阶段，等待和保留股票；在 A3 和 B1 阶段，售出股票；在 B2 阶段，等待和保留现金。

科斯托拉尼鸡蛋的使用说明

在将科斯托拉尼鸡蛋进行实务运用之前，我们一定要事先理解几个股市的真实现象，以确保在判断过程中能够更贴近事实，而不是硬要套入某个理论而曲解事实。目前在全世界大多数的股市中，普遍都可以观察到以下两个共同特征：

一、多头时间长，空头时间短

长期而言，大多数的股市肯定会反映该国或该地区的经济状况（短期则不一定），然而绝大多数的国家或地区经济成长率都是正成长，十年当中可能仅有一两年出现经济衰退现象。因此，一国或一地区的经济长期持续成长，该国或该地区的大盘指数理当沿着成长的趋势向上攀升。另外，由于信息流通快速，当遇到空头市场时，往往卖压宣泄得快，因此，统计近 30 年的每一次空头市场所行进的时间有愈来愈短的迹象，而多头市场持续的时间则愈来愈长。我们可以说，股市和经济的自我修正机制已经愈来愈具有效率性了，因此，当资产估值过高的泡沫被戳破后，直接以崩跌的形式快速修正到位，并不需要花费太长时间。

　　按照此特性，我们可以了解图7-1中的A1、A2、A3这三个上涨阶段合起来的时间长度，可能远大过了B1、B2、B3这三个下跌阶段合起来的时间长度。

二、多头市场中会有回调，空头市场中会有反弹

　　在"行情＝货币＋心理"的解析下，即便行情的趋势是多头，但由于来自市场的心理因素干扰呈现上下波动的反应，因此我们看到的行情并非直线，而是以曲折的方式前进。这就像是你期待一只活生生的狗要完全贴着主人脚边走路，步伐要一致、距离要固定，是不太可能的一样。

　　因此，A1、A2、A3这三个上涨阶段通常是不连续的，在任何一个阶段和下一个阶段之间有可能是持相反方向行进的走势，时间的长短也难以预料，有时候会让人们误以为多头已经结束，进入了B1的空头第一阶段。反过来说，B1、B2、B3这三个下跌阶段也不是连续的，期间可能会出现大幅度的反弹，人们误以为低点已经浮

现、开始步入了多头市场，这也是猜头、摸底、判断上有一定困难的原因。

有了以上认知，将有助于我们在检视任何一张股价指数走势图的时候，可以用更短的时间辨别出多头与空头，并且提高判断的准确率。

台股自 1987 年以来的实例验证

由图 7-2 可以看出，1987—1990 年的多头市场，堪称台股史上最疯狂的一次大多头，指数从 1 000 点左右暴涨到了 1990 年 2 月最高点 12 682 点，是 3 年内暴增超过 10 倍的大行情。然而，接踵而来的就是泡沫破灭的急速回调，在 1990 年 10 月见最低点 2 485 点，短短 8 个月内回跌了 80.4%。也就是说，高点持有的 100 万本金会默默地消失只剩下不到 20 万元，这是以大盘指数的状况统计的，而有些个股则跌掉了 90% 甚至 99%。

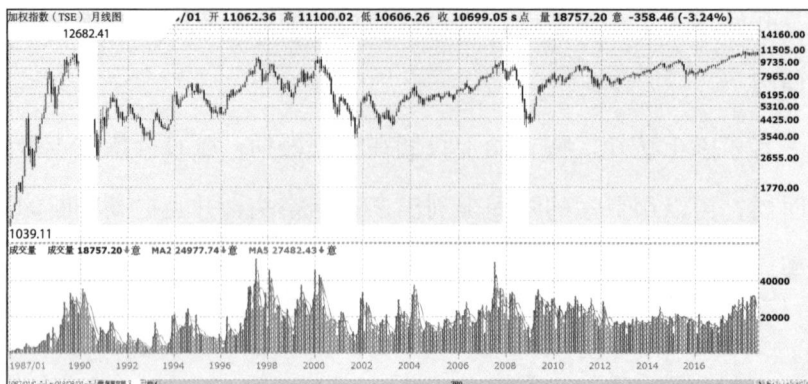

图 7-2　台股指数自 1987 年 1 月—2018 年 8 月的月 K 线图（采用对数坐标）

数据源：XQ 操盘高手

　　然而，经过急速修正后，1990 年 10 月起又展开长达将近 10 年的另一次大多头市场，一直到 2000 年 2 月高点 10 393 点才画下句点；紧接着迎来的是另一次的大空头，跌到 2001 年 9 月低点 3 411 点才触底；接着下一个循环的多头就从 3 411 点攀升到了 2007 年 10 月高点 9 859 点；再接着跌到 2008 年 11 月见低点 3 955 点。

　　科斯托拉尼说：**"在证券市场，涨跌是一对分不开的搭档，如果分辨不出下跌的终点，就看不出上涨的起点。"**事实上，暴涨和暴跌是密不可分的两兄弟，他们总是如影随形，只要你看到暴涨出现，那么暴跌就紧跟在其后，几乎没有一次例外。如果你看着暴涨，想占它一些便宜，小心你的背后将被它的兄弟狠狠敲一笔。

　　我们观察图 7-3 可以发现，A1、A2、A3 所代表的多头市场期间的成交量是依序递增的，初期在 A1 时期指数位阶很低，成交量也很小，但是涨幅却相当可观，短短 10 个月暴涨了 361%；A2 阶段的成交量明显比 A1 阶段来得大，涨幅则有 293%；A3 阶段的成交量几乎是 A1、A2 的 10 倍以上，那一段时期可谓全民炒股的疯狂阶段，许多光怪陆离的现象都出现了，学生逃学、家长翘班，都跑到号子（证券商的营业据点）看盘炒股，每天下午重庆南路和南京东路这些金融街的餐厅和咖啡馆总是座无虚席，因为所有人都在收盘之后就近聚在一起满心欢喜地谈论股票。炒股获得丰厚利润是如此美妙，仿佛去上课、上班的人是跟不上大时代的傻瓜。

图 7-3　台股指数自 1987 年 1 月—1990 年 12 月的日 K 线图（采用对数坐标）

数据源：XQ 操盘高手

然而，A3 阶段的指数涨幅仅有 173%，是 A1、A2、A3 阶段中最少的。因为，A1 阶段的买家许多是来自公司内部的大股东，或者是市场上消息灵通的主力大户，他们的利润最为丰厚；A2 阶段除了 A1 阶段的参与者外，又加入了绝大多数的机构法人；到了 A3 阶段，后知后觉的散户和新手们也争相加入了，因此筹码变得相当凌乱，获利空间有限，而公司派的大股东或市场派的主力大户们在 A3 阶段陆续获利了结，将筹码抛给了散户们，导致成交量暴增，股价的波动幅度也明显放大。

图 7-3 中的 B1、B2、B3 三个空头阶段，成交量是由高到低递减的，与科斯托拉尼所描述的逐步放大状况并不同。其中可能的原因是，该期间台湾地区的股市跌幅超过 80%，使得大多数的散户，甚至主力大户都在此过程中惨遭赔光而被迫离场，以致最后存活在市场中的交易者明显变少，而反映在成交量上也就萎缩到连高峰时期的 10% 都不到。

上述的 B1、B2、B3 三个空头阶段跌幅分别为 54.1%、44.4%、57.3%，合起来的累计跌幅远超过从最高点 12 682 点跌到最低点 2 485 点的跌幅（80.4%），因为中间分别有两段深跌后的强劲反弹，分别是从 5 822 点反弹到 8 007 点（37.5%），以及从 4 450 点反弹到 5 825 点（30.9%）。想在空头市场放空赚钱的散户们，在这两波强弹当中足以被轧到斩仓出场。相反，在整个空头市场当中，只会做多的散户们损失往往大过 80.4% 的整段跌幅，因为即便不使用融资，B1、B2、B3 三个阶段只要参与了任意两段，损失就会超过八成。散户总是参与一波下跌后认赔出场，看到市场逆转向上以为可以做多了，意想不到重新进场后又恰逢另一波续跌（B2 或 B3）的开始。

按照上述相同的分析方法，读者也可以自行观察图 7-2 中 1990—2000 年的多头、2001—2007 年的多头，也可以把它们各自分拆为 A1、A2、A3 三个阶段，可以发现每一个阶段的成交量是逐步放大的；然而，这两次多头之后紧接着的空头市场，却较难区分出 B1、B2、B3 三个空头阶段，仅有两波的下杀，相当于科斯托拉尼所描述的 B1、B2 阶段，显示着交易者愈来愈少的迹象。

台股最近 10 年的表现，可观察图 7-4，我们可以发现，这 10 年之内的上涨可以被明显划分为 A1、A2、A3 三个阶段。其中 A1 的成交量相当大，涨幅也是最大的一段，从 3 955 点的低点涨到 9 220 点的高点，波段涨幅高达 133%，算是"行情总在绝望中诞生"的阶段，勇于进场（而且要有资金能够进场）的人获利非常可观，这个时期的买家多半是公司派的大股东或者市场上财力相对雄厚的主力大户们。2011 年 12 月从 6 609 点起涨属于 A2 阶段，算是"半信半疑中成长"的阶段，当时欧债风暴的阴霾笼罩全球，而新兴市场经济也普遍欲振乏力，使得台股成交量并没有比 A1 阶段来得大，观望者众。2015 年 8 月从 7,203 点起涨属于 A3 阶段，成交量在后期明显放大，然而也暗示着愈来愈多的散户和新手们投入了市场，相对而言获利空间已经有限。

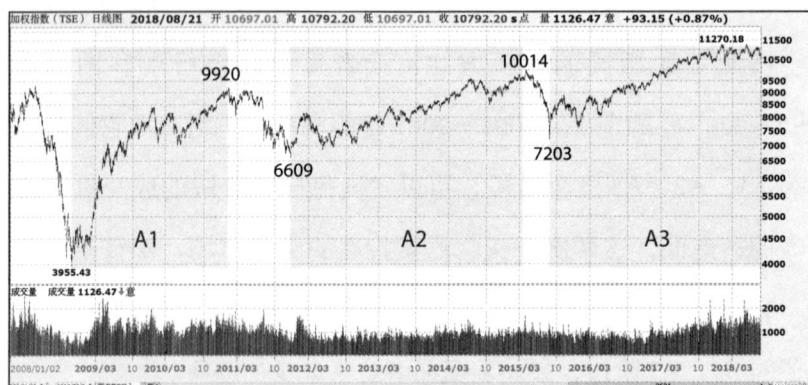

图 7-4 台股指数自 2008 年 1 月—2018 年 8 月 21 日的日 K 线图（采用对数坐标）

数据源：XQ 操盘高手

美国标准普尔 500 指数近 30 年来的实例验证

在《一个投机者的告白》原著中，科斯托拉尼已经用 1982—1987 年的美国股市为例，生动地描绘了当时的市场兴衰，巧妙绝伦地剖析了人们心理变化的种种现象。以下则采用美国标准普尔 500 指数近 30 年来的月 K 线图（采用对数坐标），来呈现 1988 年至今的美股兴衰（如图 7-5 所示）。

美股在经历 1990—2000 年科技业蓬勃发展的黄金十年之后，终于在 2000 年后 3 年时间内随着网络泡沫的破灭，股价大幅地回调修正，直到 2003 年 3 月才触底，我们撷取 1988—2003 年间的走势图改用日 K 线图来检视，可以明显看出多头市场的 A1、A2、A3 三个阶段，以及空头市场的 B1、B2、B3 三个阶段（如图 7-6 所示）。

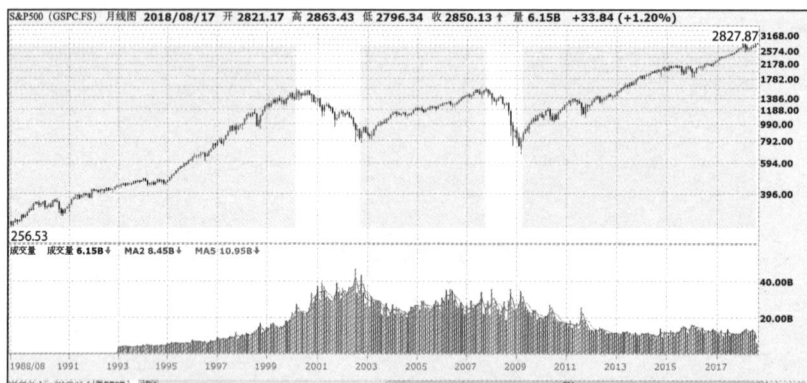

图 7-5　美国标准普尔 500 指数近 30 年来的月 K 线图（采用对数坐标）

数据源：XQ 操盘高手

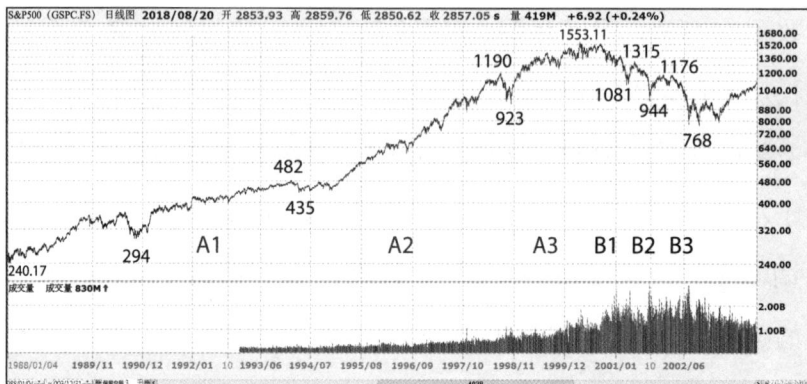

图 7-6　美国标准普尔 500 指数 1998—2003 年的日 K 线图（采用对数坐标）

数据源：XQ 操盘高手

在图 7-6 中的 A1 阶段，标准普尔 500 指数从 294 点涨到 482 点，涨幅 63.9%，尽管图中的 1993 年以前成交量信息不齐全，但仍可以观察到 A1 阶段的晚期，成交量仍算是整个走势图中相对偏低的；A2 阶段从 435 点涨到 1,190 点，涨幅 173.6%，成交量已经明显放大为 A1 阶段的两倍至五倍；A3 阶段从 923 点涨到 1,553 点，涨幅 68.3%，而成交量则又明显放大为 A2 阶段的两倍以上。这样的量价关系，符合科斯托拉尼鸡蛋的论述。进一步检视图 7-6 中的空头市场 B1、B2、B3 阶段，跌幅分别为 30.4%、28.2%、34.7%，且成交量也是依序放大，并且在 B3 阶段完成最大量的换手，达到最低点而由空翻多，完全符合科斯托拉尼鸡蛋的论述。

美股最近 10 年的表现，可观察图 7-7，我们可以发现美股这 10 年之内的上涨也可以划分为 A1、A2、A3 三个阶段，若对比图 7-4 的台股最近 10 年走势，可以发现，无论是量还是价，两者相似度非常高。因为，自 2000 年科技泡沫之后，全球股市的联动性已经大幅提高（相较于 2000 年以前互联网不够普及来说），因此跨国、跨地区的股市已可以相互参照。这也符合本书前文所提到的"行情 = 资金 + 心理"，资金几乎可以自由到达世界各个角落，全球股市的行情走势也几乎快要等同于一个大股市了。这样的现象，给了当今投资人一个很重要的信息：跨国投资无法分散风险，必须跨过不同的资产类

别（选择股市以外的资产，比如债市、外汇、房地产等），对于降低
风险才有实质帮助。

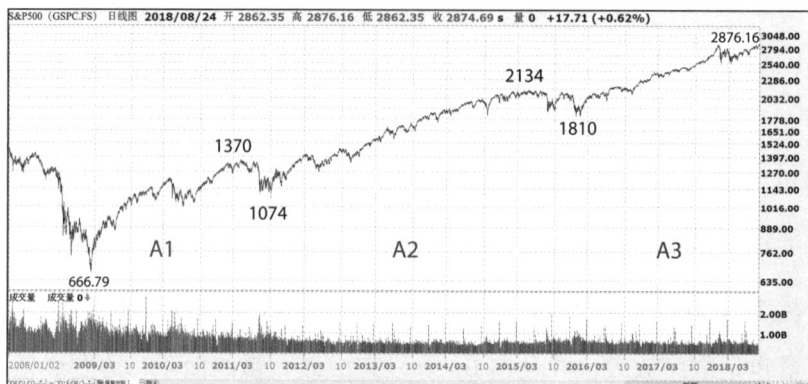

**图 7-7 美国标准普尔 500 指数 2008 年 1 月—2018 年 8 月 24 日的日 K 线图
（采用对数坐标）**

数据源：XQ 操盘高手

第 8 章

股 市 的 背 景 音 乐

战争或和平，以及长期的经济发展

证券交易所是没有音乐的蒙特卡洛，是赌场，可以整晚在紧张刺激的气氛中赚一大笔钱。对我来说，证券交易所是充满各种音乐的蒙特卡洛，只不过必须带上天线，才能捕捉到音乐，分辨出音乐的旋律。

——科斯托拉尼《一个投机者的告白》

市场上的证券玩家们，往往把股市视为每周一至周五开放的公开赌场，里面充满了赚钱的机会，只要你有钱，钟情的任何目标都可以下注，尤其对于股市新手们来说，这是让他们感受完全自由的地方，他们兴高采烈地带着工作赚来的钱，想要在这个既像赌场又像游乐场的地方全力拼搏一番，希望赚取到额外的收入，好让自己变得更有钱。

　　对于第一次踏进股市的人来说，就像哥伦布发现了新大陆一样欣喜若狂，尤其第一次买进股票的当晚，往往会兴奋得睡不着觉，对未来充满憧憬与希望，所有的美好仿佛都将从这里开启。这种如梦似幻的感觉，人人都有，只是幻想破灭的时间，有人维持的时间很长，而有些人维持的时间甚短，更有人只维持了短暂一晚罢了。

期货市场的赌徒们，下的注可能比现货市场的大一些，因为期货商品普遍具有高度杠杆的特性，有赢一注就财富翻倍的可能。当然，若输一注也可能会全赔光，这对年轻人来说并无所谓，因为他们认为自己还年轻，可以回到劳动市场卖力工作再赚一笔钱，之后还是可以继续来光顾这些游乐场的。就像小时候一次性把钱花光，隔一段时间又有钱时总会想再去一次游乐场一样。

不，这次不一样，因为这一次有机会能够从游乐场里把钱赚回家，这样的意义非凡！就算事后并没有如愿以偿，尽管以赔光离场，但事隔一段时间之后，他们又会再次带着"这次不一样"的心情重新回到期货市场，因为他们已经琢磨新的知识，也学会新的操作技巧，和过去的自己相比，肯定不一样！然而，期货市场上演的故事其实并没有太多戏码，只是相同角色换不同人上场演出的频率比较高罢了。唐代诗人白居易在一千两百多年前所写下的这一首诗，算是给期货市场玩家们的最佳献礼。

赋得古原草送别

离离原上草，一岁一枯荣。

野火烧不尽，春风吹又生。

远芳侵古道，晴翠接荒城。

又送王孙去，萋萋满别情。

年轻的玩家们可能没有认清一个事实，赌场、期货市场，和股票市场之间最大的不同在于，**赌场和期货市场都是零和游戏（zero-sum game），因为总赌金就是所有玩家们所投注的金额，赢的人赚走输的人的钱**。短期来看输赢概率似乎是 51 比 49（输的概率稍微大一点，是因为有交易成本），但是长期待在赌场的结果，最后赚钱离场去享受赢来财富的人可能不到 2%。事实是，**赌场本来就不是让人们累积财富的地方，而是一种高消费的娱乐场所，最赚钱的应该是这个赌场**。

股票市场长期来说则相对有较高的胜率，因为属于非零和游戏（non-zero-sum game）。股票持有者们就是公司的股东，他们投入资金让公司进行生产、营销并产生利润，然后将利润与股东共享，因此市场的总值并不是固定的，而是随着时间的推移持续累积盈余，让股票的总值增加，这才符合"投资"的定义。**让我们检视期货市场的三大功能：价格发现、避险、投机，你会发觉里面没有"投资"这个项目**。如果年轻赌徒们想要带着金钱进入期货市场做投资，那他们真的是跑错地方了。全世界每一个赌场入口处都会贴有"未满18 岁禁止进入"的标语，期货市场的入口处也应该摆一个"未满 18

岁及想要投资的人禁止进入"的标语才对。

尽管科斯托拉尼早期在放空交易上获利大笔金钱，也曾经在各种不同的期货市场当中交易相当活跃，然而他最终加入了投资者的阵营。在 1999 年他写下《一个投机者的告白》时，他已持有 500 多种不同的股票，也有好几年没有卖掉任何一只股票，并且持续买进了一些。他说：**"我该诚实建议每位读者加入投资者的行列。在从事证券交易的人中，以平均水平来看，投资者的表现最好，因为即使是投机家，也只有少数是赢家。"**

尽管伟大的投机家们也可能会透过期货市场来交易，但他们和玩家们之间最大的不同之处在于，只有在"捕捉到音乐，分辨出音乐的旋律"后，他们才会进行交易。没有充分掌握市场的背景音乐之前，他们宁可等待，甚至长时间不交易；相对的，期货市场的玩家们只要有了钱就想要把握任何一次可从市场中获利的机会，每天只要市场有开市，他们就凝神注视着获利机会。事实上，期货市场的玩家们普遍以赔钱收场的缘由，就是来自过度交易，在市场环境并不适合进场的时期内频频交易而一次亏光了之前所累积战果的事例，时有所闻。

战争与和平

科斯托拉尼说:"在歌剧或交响乐中,都有个主题,总是反复出现,不断在背景中回荡。股市也有背景音乐,决定长期的发展趋势,时间可能长达几十年。在投机人士准备从中看出上涨和下跌的时段,从中获利前,必须听出背景音乐是大调,还是小调。这种背景音乐由两部分构成:战争或和平,以及长期的经济发展。"

经历了 2000 年科技泡沫之后,世界股市和经济进行了长达近 3 年的打底与结构性调整,许多曾经与网络科技沾上边的新创公司,随着网络泡沫的破灭而销声匿迹,可能因为烧光了钱而倒闭,或者被其他公司合并或收购。那 3 年可以说是最近 20 年来最黑暗的时期,因为经济衰退的时间比起 2008 年金融海啸更久,影响层面也更为广泛,尽管 2008 年的金融危机重创了金融业,然而经济快速触底而重新出发,股市空头的时间也相对较短。

129

在 2000 年科技泡沫后的经济衰退期间，也经历了一个史上永难忘怀的重大事件："9·11"事件，事件发生在 2001 年 9 月 11 日早晨，是由恐怖分子"基地组织"在美国本土策划的一系列自杀式恐怖袭击事件。当天早晨，19 名基地恐怖分子劫持了 4 架民航客机，其中两架飞机分别冲撞纽约世界贸易中心双塔，两座建筑均在两小时内倒塌，临近的其他建筑也因池鱼之殃而被压垮或毁损。劫机者亦迫使第 3 架飞机撞击位于弗吉尼亚州的美国国防部五角大楼，第 4 架飞机则于宾夕法尼亚州坠毁（原本目标被认为是美国在华盛顿特区的国会大厦或白宫），4 架飞机上均无人生还。

整起"9·11"事件的受害者达 2,977 人（包含 1 115 人失踪或遗体未寻获）。美国股市当日紧急宣布休市，在一周之后的 9 月 17 日才重新开市。袭击事件发生后，美国政府处于高度戒备状态，严防类似恐怖袭击事件，并多次发布新一轮袭击警报，其中包括当年 9 月下旬在美国各地爆发的多起炭疽菌感染案件。

同年 9 月底，时任英国首相的布莱尔援引西方情报机构手上证据指称基地组织的首领本·拉登为事件的幕后主使，并与阿富汗塔利班政权有密切关系。塔利班政权拒绝在无确凿证据的情况下引渡本·拉登或基地组织的任何一位头目，因而，美国领导的联军在 2001 年 10 月 7 日对阿富汗发动军事打击，展开对"9·11"事件的报复行动，同时也标志着反恐战争的开始。联军官方指称这场战争的目的是逮捕本·拉登等基地组织成员并惩罚塔利班对其的支持，直到 2011 年 5 月 1 日本·拉登被美军击毙，两个月后，美军终于开始逐步从阿富汗战场撤出。

除了阿富汗战争之外，2003 年的伊拉克战争（2003 年 3 月 20 日— 2011 年 12 月 18 日），是以美国及英国军队为主的联军进驻伊拉克，并推翻以萨达姆为首的伊拉克复兴党政权的一场战争。**这是一场颇有争议性的入侵战争，因为并没有得到联合国安理会的授权**，尽管美国政府宣称有 49 个国家支持该军事行动，但真正出兵到伊拉克作战的国家只有美国、英国、澳大利亚和波兰四国，丹麦政府宣布对伊拉克宣战，并派遣了两艘军舰支持美军，而日本等多个国家仅提供后勤支持。此战争遭到俄罗斯、德国、法国、中国、阿拉伯联盟等多个国家政府的批评与谴责。

伊拉克战争爆发大约 3 个星期之后，美军顺利进入伊拉克首都巴格达市区，途中并没有发生任何大规模冲突，而伊拉克官员突然消失，去向不明，大批伊拉克军队向美军投降，伊拉克便陷入无政府状态。自 2005 年以来，由美国扶植的伊拉克政坛兴办了民主选举，并在美国支持下开启重建，然而这并没有带来理性的政治与平等，在此期间，美军与相关支持人员伤亡不断。

2008 年，奥巴马以美军撤出阿富汗的政见获得美国民众支持而当选美国总统，并在 2011 年 12 月 18 日正式撤退，结束了大部分军事行动。

从图 8-1 我们可以观察到，美国股市在经历前述的战乱之下，最低点虽在 2002 年 10 月出现，然而直到 2003 年 3 月伊拉克战争之后，美股才在经济复苏的步调回稳之后开始稳步向上迈向多头。如同科斯托拉尼所说的："**投资者只要在某处嗅到火药味，便不会投资股票。这时，每个人都希望自己的保险箱里，有像黄金这样的有形资产。**"美股上述的这一段空头市场，伴随着战争的背景音乐，股市打底的空间深、时间也长，而美股的触底起涨点，甚至比许多新兴国家还要来得晚些。

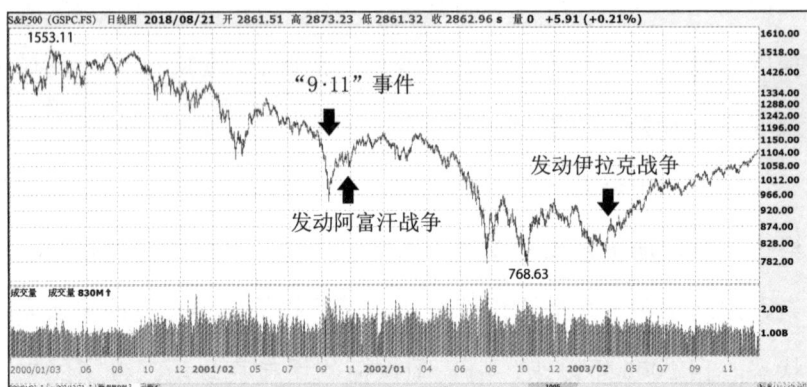

图 8-1 美国标准普尔 500 指数自 2000—2003 年底的日 K 线图（采用对数坐标）

数据源：XQ 操盘高手

2003 年开始的和平大调

在长达 80 多年的证券交易生涯中，科斯托拉尼经历了诸多重大战争，比如，第二次世界大战（1939—1945）、朝鲜战争（1950—1953）、越南战争（1955—1975），还有以美国和苏联为主的冷战（1947—1989），因此，他对战争期间的金融市场动荡已经司空见惯。然而，全球经济从 2003 年开始复苏，一直到 2007 年的股市高峰，可说是奏着和平的大调，如果他仍在世，肯定又会为他的财富创下可观的纪录，并写下更多精彩动人的故事为后人所传颂。

尽管美军在阿富汗战争、伊拉克战争之后驻守当地的军队一直到 2011 年才全数撤回美国，实际上主要的战事在 2003 年 4 月已经平定。而美国经济则是在 2003 年下半年开始持续增温，此时相距 2000 年 3 月的科技泡沫破灭，已经有长达 3 年以上的休养生息时间，美国大企业在海外市场屡传佳绩，同时期以包括巴西、俄罗斯、印度、中国等新兴国家经济快速成长，带动了全球经济的一番荣景，而股市的涨幅更是可观。

由图 8-2、图 8-3、图 8-4、图 8-5，我们可以观察从 2000—2008 年上述四个新兴国家大盘指数的走势，最低点至最高点的波段，最大涨幅分别为 799%、1,821%、717%、513%，这只是股价指数的变动幅度，还不包含每年的配息，以及汇率升值的幅度（仅有俄罗斯 RTSI 指数是以美元计价，因此股汇相乘后的涨幅高达 18 倍之多）。尽管每一个国家的起涨点不同、高点出现的时间也不尽相同，然而基本上只要在 2003—2007 年间到新兴市场投资相关股票型基金的投资人，至少报酬率都在 200%—300%，是许多人财富倍增的好时机。

图 8-2　巴西 BOVESPA 指数 2000—2008 年的日 K 线图（采用对数坐标）

数据源：XQ 操盘高手

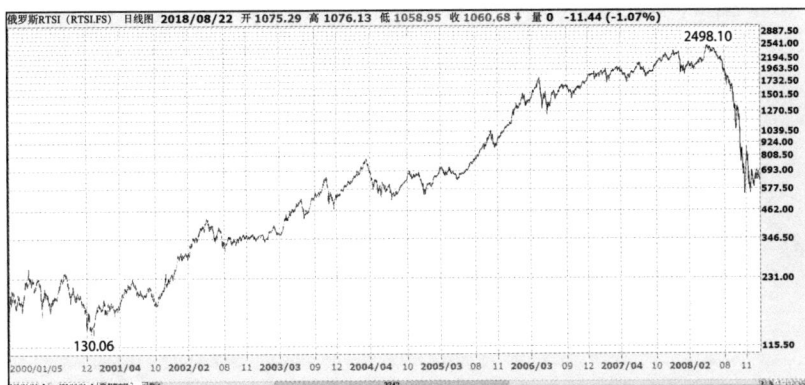

图 8-3 俄罗斯 RTSI 指数 2000—2008 年的日 K 线图（采用对数坐标）

数据源：XQ 操盘高手

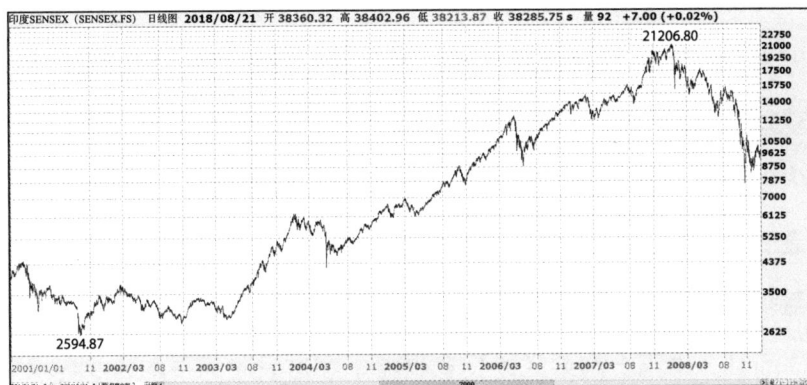

图 8-4 印度 SENSEX 指数 2000—2008 年的日 K 线图（采用对数坐标）

数据源：XQ 操盘高手

图 8-5　上证指数 2000—2008 年的日 K 线图（采用对数坐标）

数据源：XQ 操盘高手

在 2003—2007 年间美股表现也不俗，美国标准普尔 500 指数从 2002 年 10 月 10 日最低点 768.63 点上涨到 2007 年 10 月 11 日高点 1 576.09 点，5 年的累计涨幅达 105%（参见图 8-6），这是不含配息在内的单纯指数涨幅。与美股联动性高的台股，从 2001 年 9 月 26 日最低点 3 411.68 点上涨到 2007 年 10 月 30 日高点 9 859.65 点，累计涨幅为 189%（参见图 8-7），这也是不含配息在内的单纯指数涨幅。而且，中国台湾地区的股息收益率在这段时间平均为 3%—4%，因此，若加计配息还原后的总报酬率则超过 210%。在这段长达 5 年的全球景气繁荣期间，股市的背景音乐显然是和平的大调，欧美等

图 8-6 美国标准普尔 500 指数 2000—2008 年的日 K 线图（采用对数坐标）

数据源：XQ 操盘高手

图 8-7 台股指数 2000—2008 年的日 K 线图（采用对数坐标）

数据源：XQ 操盘高手

137

成熟国家投资者提供了丰沛的资金到全球各地，刺激了新兴国家的经济成长。而经济成长的果实反映在新兴国家人民所得大幅提升、消费能力大增，进而购买更多来自欧美国家的奢侈品及金融产品。

上述时期是一段由欧美成熟国家与新兴国家共同谱出的和平大调，基本上只要傻傻地抱着股票，没有人会赔钱。频繁进进出出显得多余，只要中途离场，之后甜美的大好行情便与之无缘，这有如在直线加速的赛道上，比的是谁敢把油门踩到底谁就赢。然而，每个人心里都清楚这是条有终点线的赛道，虽然没有人能预知赛道的尽头还有多远，有经验的人早已深信赛道的尽头会是悬崖。**散户们普遍会认为"看到了终点线再刹车就好了"，而老手们明白，终点线往往在失速下坠时回头才看得到。股市里比谁胆子大的游戏是新手专属的游戏，老手只会参与前半场，而在中场过后他们就会陆续默默离场看戏。**

2007 年美国金融业变了调

尽管由新兴市场国家经济蓬勃发展所带动的全球景气不断扩

大，股市近 5 年的繁荣也仍然持续行进着，然而，美国的金融业者
却从 2005 年开始悄悄地进行了一场前所未有的大规模金融游戏，并
酿成了 2007 年的"次贷危机"。该危机全名为次级房屋借贷危机
（subprime mortgage crisis），是由美国境内的房屋抵押贷款违约和法
拍屋急剧增加所引发的。原本它仅是美国境内房地产市场的泡沫，
然而在 2007 年 4 月美国第二大次级房贷公司新世纪金融公司（New
Century Financial Corporation）破产之后，危机正式由房地产市场
蔓延到整体美国信贷市场。许多金融机构和他们的客户损失惨重，
金融资产的抛售潮持续扩延至全世界，进而演变为 2008 年被称为
"金融海啸"的全球性金融危机。

次级贷款（简称次贷）是指银行针对信用记录较差的客户所提
供的房贷，其利率比一般房贷高二至三个百分点。美国的金融机构
为了增加获利，大幅推广此类次级房贷，其所依赖的是美国房屋市
场的蓬勃发展，只要美国房价与景气持续上扬，似乎不太需要担心
这个泡沫会破灭。银行将钱借贷给实际上经济能力或许是不足以偿
清贷款的人，然后把这些住房抵押贷款进行证券化，包装为"住房
抵押贷款证券"（Mortgage-Backed Securities，简称 MBS），并且
再更进一步包装成衍生性金融商品"债务担保证券"（Collateralized
Debt Obligation，简称 CDO），其程序是先混合了大量不同信用质

量的 MBS，再通过财务工程的架构进行分割，出售给全球的投资者和其他金融机构。

在这些房地产抵押贷款被专业机构层层包装及切割转卖的情况下，市场上大多数的投资者甚至机构法人都低估了其潜在的风险。 市场信评机构将这些衍生性金融商品多数评为 AAA 级，买家也以为自己可以通过信用违约交换（Credit Default Swap，简称 CDS）等手段规避风险，意思是把自己踩地雷的可能损失转嫁给认为地雷不会爆的其他人，而卖家只需要付给买家不到 1/10 的价钱，就可以在"万一地雷真的爆了"时全身而退。**在 2003—2007 年的和平大调期间，多数人认为，美国的经济及房市的荣景会一直延续，地雷会在短期内爆炸的风险被认定微乎其微。** 因此，许多 CDS 设计成为期一年的短期合约，让买家更加笃定就算炸弹要爆炸，也不会是在自己脚下，应该在未来路过的人脚下。

统计 2006 年底这些 CDO 与 CDS 合计的信用类衍生性商品市场规模创下了 50 兆美元的惊人纪录，尤其从 2003—2006 年间爆炸性地增长了 15 倍。这个规模比起当时美国次级房贷总值仅有 1.3 兆美元相比，等于是被放大 40 倍的杠杆。全世界不少大型金融机构与高资产客户都参与了这个游戏，也就是"次级房贷不会出事"的赌局，除此之外，更多人参与了衍生的赌局：为"那些认为次级房贷不会出事的投资者"下注，认为这些人真的不会出事。电影《大卖空》主要描述的就是 2007—2008 年间美国次贷危机引发全球金融风暴的历程。

2008 年，美国房价开始转头下跌，次级房贷出现大量违约，那些住房抵押贷款证券失去了其大部分的价值，华尔街五大投资银行之一的贝尔斯登公司（The Bear Stearns Companies, Inc.）旗下从事次级房贷的两只对冲基金出现巨额亏损，负面消息不断传开，使得该公司流失大量客户并且被迫贱卖各项资产，公司财务急剧恶化濒临倒闭，这家创始于 1923 年的老牌公司已到命悬一线的警戒线。2008 年 3 月 16 日，美联储紧急出手，同意提供 300 亿美元贷款支持摩根大通（JPMorgan Chase）收购贝尔斯登公司，才让这家近百年的企业得以苟延残喘。

然而，**美国房市的泡沫破灭连带地冲击了整体美国经济，自 2008 年开始明显下滑，而各大金融机构从次级房贷的亏损中被迫大量认列损失，持续地变卖资产，导致出现资本下降与金融价格下挫的连锁效应**。这个恶性循环又波及另一家华尔街百年企业宣告破产：雷曼兄弟控股公司（Lehman Brothers Holdings Inc.）。该公司创立于 1850 年，是一家国际性金融机构及投资银行，业务包括证券、债券、市场研究、证券交易业务、投资管理、私募基金及私人银行服务，亦是美国国库债券的主要交易商。在它濒临破产时，美联储并没有比照对贝尔斯登公司的方式紧急处理，而是选择放手让这一家巨型金融机构破产，骨牌效应至此比肩联袂蔓延整个金融圈，影响所及有如一颗核弹在华尔街被引爆。

在 2008 年 9 月 15 日雷曼宣布破产之后的短短几个月之内，美国多家金融机构纷纷传出危机，连锁效应拖垮了全球的金融体系，造成世界各地紧缩信贷、全球股市崩跌，这就是 2008 年金融海啸。从图 8-8 可以观察到 2007 年 4 月贝尔斯登公司濒临倒闭，以及 2008 年 9 月雷曼破产的威力。前者有美联储出手相救，后者美联储

图 8-8　美国标准普尔 500 指数 2007 年 1 月—2009 年 6 月底的日 K 线图（采用对数坐标）

数据源：XQ 操盘高手

放手任其倒闭，两者对金融市场的冲击截然不同。美股在 2008 年 9 月 15 日雷曼宣布破产之后的 6 个月之内，股价腰斩，而全球股市无一逃脱此劫，要说这是金融市场的核弹被引爆，一点也不为过。很讽刺的是，美国在 2003 年发动了对伊拉克的战争，是基于美国认为伊拉克拥有"大规模毁灭性武器"，然而事后来看，这些所谓的大规模毁灭性武器从未在伊拉克被找到，倒是美国自己在华尔街引爆了一个。

事后，对这一段金融危机的原因众说纷纭，一般认为是低估了系统风险、道德风险，评级机构失职、金融监管缺失等。实际上，若以科斯托拉尼的智慧来说，**"暴涨和崩盘是分不开的搭档"，和平大调演奏久了，早晚会变调**。市场的现实是，往往在和平大调中，大家都有钱赚皆大欢喜；一旦出事，则争相而逃。所有在和平大调时期的谦恭有礼，在变奏音调扬起后就变得六亲不认。在华尔街，没有永远的朋友，只有永远的利益。

第 9 章

暴涨和崩盘是分不开的搭档

判断进场和离场的最佳时机

金融史上经常发生这样的事情：欣欣向荣的证券交易和源源不断流入的资金及融资，膨胀成巨大的气球，被针刺中就会爆炸。

——科斯托拉尼《一个投机者的告白》

2007 年，当美国发生次贷危机时，新兴市场经济仍蓬勃发展，巴西、俄罗斯、印度、中国四国在 2007 年度的表现相当亮丽。**房地产市场具有地域性，美国的房地产泡沫由境内市场过度放贷引起，理应自己国家的泡沫自己清理。**然而，2008 年雷曼开始摇摇欲坠之际，全球金融体系却为之绷紧神经，自 2003—2007 年股汇双涨累计平均涨幅将近 10 倍的金砖四国，到了 2008 年抛售的卖压可不小于美国本土。

由图 9-1、图 9-2、图 9-3、图 9-4，我们可以观察到巴西、俄罗斯、印度、中国四国的大盘指数从最高点至最低点的波段最大跌幅分别为 60.18%、80.28%、63.70%、72.81%，皆大过了美国本土（美国标准 500 指数的波段最大跌幅为 57.69%）。而金砖四国股市的跌幅纯粹仅计算指数变动率，并未将汇率大幅度贬值的影响也计入（仅

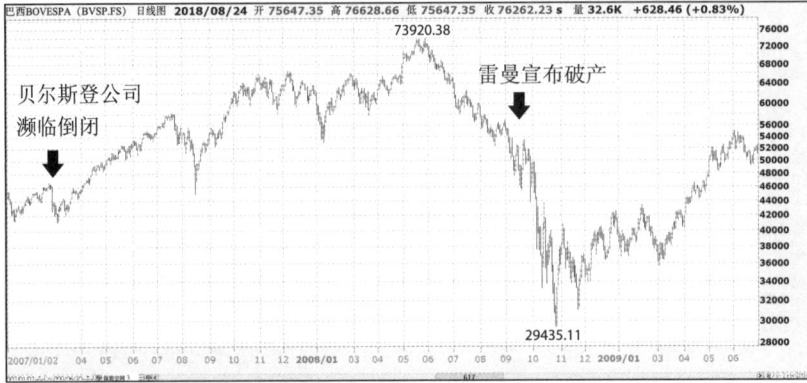

图 9-1　巴西 BOVESPA 指数 2007 年 1 月—2009 年 6 月底的日 K 线图（采用对数坐标）

数据源：XQ 操盘高手

图 9-2　俄罗斯 RTSI 指数 2007 年 1 月—2009 年 6 月底的日 K 线图（采用对数坐标）

数据源：XQ 操盘高手

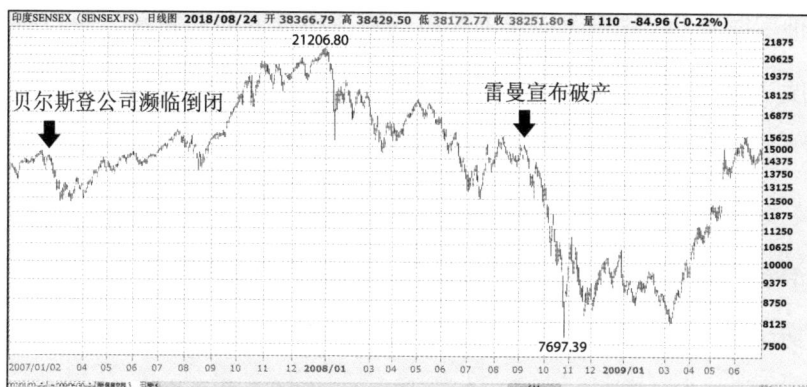

图 9–3 印度 SEXSEX 指数 2007 年 1 月—2009 年 6 月底的日 K 线图（采用对数坐标）

数据源：XQ 操盘高手

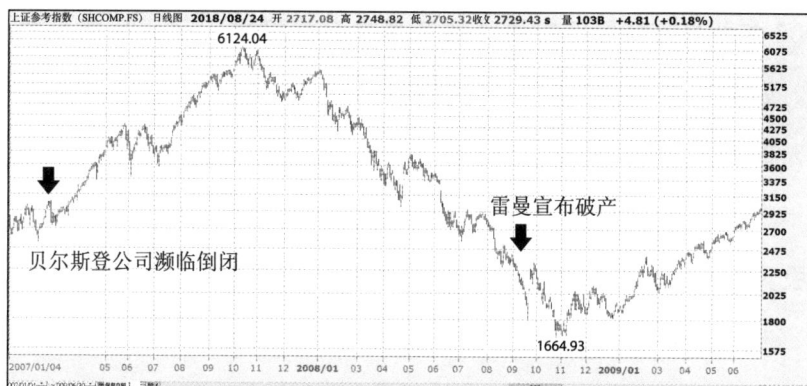

图 9–4 上证指数 2007 年 1 月—2009 年 6 月底的日 K 线图（采用对数坐标）

数据源：XQ 操盘高手

有俄罗斯 RTSI 指数是以美元计价，有反映俄罗斯卢布对美元的贬值程度在内），否则，海外投资人持有这些当地股票的损失（股市崩盘加上汇率剧贬）实际上会严重得多。

经验不足的新手们或许会纳闷，金砖四国拥有庞大的人口成长与消费能力扩增，经济繁荣足以抵挡来自海外的冲击，理应不至于损伤超过了位处于风暴核心的美国。事实上，你必须理解科斯托拉尼所说的：**"这是个永恒的法则：每次证券市场中的崩盘和溃散都以暴涨为前导，而每一次的暴涨都以崩盘收尾。证券市场 400 年来的历史便是由一连串暴涨和灾难所交织成的。"**

美国房地产泡沫破灭只是压垮了骆驼的最后一根稻草，2003—2007 年新兴市场股汇市暴涨的荣景本身已经种下了日后崩盘的祸因。 如要花工夫去探究每一次崩盘的最后一根稻草，是白费力气的，理解"暴涨和崩盘是分不开的搭档"这项原则，将在你回顾百年来的历史时得到验证，这个真知灼见可以帮助你事先洞悉每一次股灾，在其发生前即从容离场，并且适用于任何一个市场。事实上，未来无论是股票市场、债券市场、外汇市场、能源及原物料市场，还是房地产市场，都遵循这恒久不变的模式，在盛衰循环当中不断地重演着。

因为人性使然，人们不自主地在金融市场中被贪婪与恐惧的情绪引导，最后做出超常规的行径，因而自然交织出如此样貌的市场规律，就好比大多数的自然法则一样，难以抵挡，**除非人性被磨灭了，否则这样的盛衰循环在市场上会永远存在。**

至于要如何避开这种盛衰循环所带来的伤害，以下提供几个根据科斯托拉尼智能所延伸的方法，可以作为你优雅转身离场的参考。

观察资金潮汐何时退潮

当全球三大央行同步采取紧缩的货币政策时，全球市场流通资金潮汐势必转为退潮，股市的荣景也将难以持续太久。比如，美联储于 2015 年 12 月开始进入升息循环通道，到 2018 年底已经连续 3 年升息，而欧洲央行预计在 2018 年底结束量化宽松政策，并为 2019 年秋季之后的升息预做准备，因此，当全球的潮汐愈来愈逼近涨潮的尾声时，投资者就可以主动降低持股水平，保留更多的现金。

尽管在本书问世的 2018 年第四季度，全球股市或许还没有明显地由多翻空，然而也因为资金闸门开始关闭，股市剩下的上涨空间也将愈来愈受限，即便采取较低的持股水平可能会在多头行情的尾声使获利相对减少，然而这层防患于未然的安全网，将在股市急遽修正来临之时，让你受到的伤害降到最低，而且保有大多数的本金可以在未来股市到达谷底之际成为逢低捡便宜的充沛资金。

市场上多数的老手们并不担心在行情的最末端少赚钱，因为他们知道，将资金保留下来作为存粮度过寒冬，**将来在股市谷底进场买进的一元钱，可以值下一次景气循环高峰时的两三元，甚至更多。有水当思无水之苦，在一片欢欣鼓舞声中，保留一些余裕，将成为未来输赢的关键。**因为每每股市崩盘之后的低点，市场上多数人并不是没有看到，而是等真正谷底来临之时，他们早已离开市场，或者没有资金可以捡便宜，只能眼睁睁看着好目标被有资金的赢家们大量收走。

狗超过主人太远时减码

当我们重新检视图 7-7 美国标准普尔 500 指数自 2008 年以来至 2018 年 8 月 24 日的日 K 线图（采用对数坐标），并且试图用一条上升的轴心线来贯穿自 2003 年以来的走势（如图 9-5 所示）时，这一条长达 9 年多的轴心线，可以视为带狗散步的主人走势，股价指数偏离这条轴心太远的时候，屡屡出现较大幅度的回调修正。

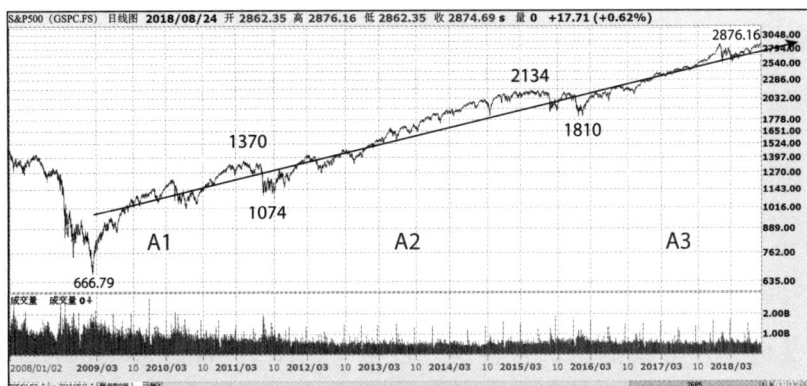

图 9-5　美国标准 500 指数 2008 年 1 月—2018 年 8 月 24 日的日 K 线图（采用对数坐标）

数据源：XQ 操盘高手

事实上，**每一次的股市崩盘，都是先由涨多的回调修正作为开头**，有时候只是涨多后的回调，当股价下跌做修正后，市场重新检视多头的基本面并无明显改变，股价自然重新回到上涨动能，再次挑战新高。然而，如果人们发现基本面已经出现问题，之后反弹往往也就相对后继无力，再随着时间的推移，人们更确信基本面已有翻空的迹象，随着反弹结束、空头开始，之后的大跌也就是空头的主跌段大修正了。

观察固执的投资人动向

固执的投资人主要代表包括股神沃伦·巴菲特（Warren Buffett），以及他亦师亦友的合伙人查理·芒格（Charlie Thomas Munger），还有掌握大额资金的资产管理机构主要决策者，比如，美国橡树资本管理有限公司（Oaktree Capital Management）董事长霍华德·马克斯（Howard Marks）、全球最大避险基金之一的桥水联合（Bridgewater Associates）创办人瑞·达利欧（Ray Dalio）。

以上几位仍在世的投资大师，在市场上的平均资历近50年，因此已经目睹过多次的全球景气荣枯循环，走过股市的兴衰更迭，他们自己本身的经历就足以写成好几本股市的历史教科书。由于他们对股市的评论往往直截了当，并且常常以实际的行动（投资结构的调整）来佐证他们的立场与观点，因而更加动见观瞻。

　　当这些固执的投资大师们开始表达股市已经过热，或缺乏更多的投资机会，或者他们想要保留更多的现金时，降低投资水平，为之后股市的可能修正而做准备将是你最好的选择。往往事后市场会验证他们的观点是对的，尽管不是马上（因为他们看得很长远，所以也不应该会是马上被验证），然而**经年累月下来，时间早已成为他们最好的战友，因此，时间总会站在他们这一边，证明他们是对的。**

　　股市新手们尽管不需要完全按照这些大师们的观点去做跟随的动作，因为他们的观点对做短线未必一定有利（因为短线有太多其他非基本面的因素干扰，会使股价与实际价值出现背道而驰的走势）。但是假如做长线，他们的观点几乎完胜，重点在于，他们所持有的股票大到足以影响金融市场的表现，而且这些伟大投资家们分析判断的依据往往英雄所见略同，毋庸置疑，其结论也多有雷同之处。

运用科斯托拉尼鸡蛋

我们可以再次检视图 9-5，从中可以明显观察到自 2016 年 2 月以来的多头已经来到"科斯托拉尼鸡蛋"所谓的 A3 阶段。在这个阶段，也就是长期多头循环的最后一波上涨阶段，相当于"艾略特波浪理论"（Elliott Wave Principle）①中的第五波末升段，常见的特征就是整体股市的成交量异常活跃，股票持有的人数达到高峰，市场中的好消息频传，一片欢欣鼓舞。

无论以"科斯托拉尼鸡蛋"或以"艾略特波浪理论"来检视自2009 年以来将近 10 年的美股或台湾地区股票走势，都已经来到最后一波多头的尾声。从图 9-6 可以观察到，成交量已经在 2018 年的上半年达到高峰，除非之后再度出现多次的单日 2 000 亿元以上的大量，

① 艾略特波浪理论是证券技术分析的主要理论之一，由艾略特（Ralph Nelson Elliott）在1938 年发表于《波浪理论》著作里。

否则将难以支撑股市再创新高。即便未来爆出 2 000 亿—2 500 亿元之间的更大量来推升指数再度创下波段新高，吸引为数更多的散户参与其中，筹码愈加凌乱，然而股市依然随时有反转向下走空的可能。

图 9-6 台股指数 2008 年 1 月—2018 年 8 月 21 日的日 K 线图（采用对数坐标）

数据源：XQ 操盘高手

在暴涨之时提前离场

通常"暴涨"的定义是价量俱扬，而且价格在短时间内有疯狂的急涨现象。以中国台湾地区的加权股价指数为例，我们可以检视1997年、2000年、2007年这三次多头尾声的"暴涨"情形，以作为何时该从容离场的参考。

由图9-7可以观察到，三次量价俱扬时期，台股指数几乎连续上涨一至两个月，没有明显的拉回修正迹象，而成交量达到最高峰后，尽管股价续创新高（或者维持在高位），但成交量没有继续放大，往往还伴随着较明显的股价回调现象出现。当时成交量的最高峰出现在1997年7月17日的2,971亿元，指数的最高点则出现在1997年8月27日，而当日成交量却仅剩下1 983亿元，这是技术分析者所谓的"量价背离"。事实上，**当成交量出现最大量之后，**

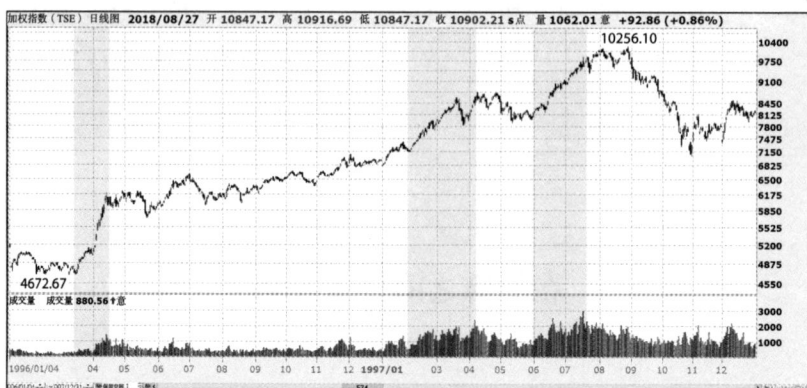

图9-7 台股指数1996年1月—1997年底的日K线图（采用对数坐标）

数据源：XQ操盘高手

指数续创新高而成交量萎缩时，往往就是该转身离场的最佳时机。

由图 9-8 可以观察到，两次的量价俱扬时期，同样也是成交量出现最大量之后的一个月内，指数续创新高，而成交量却呈现萎缩状态，之后指数都出现了较大幅度的拉回。

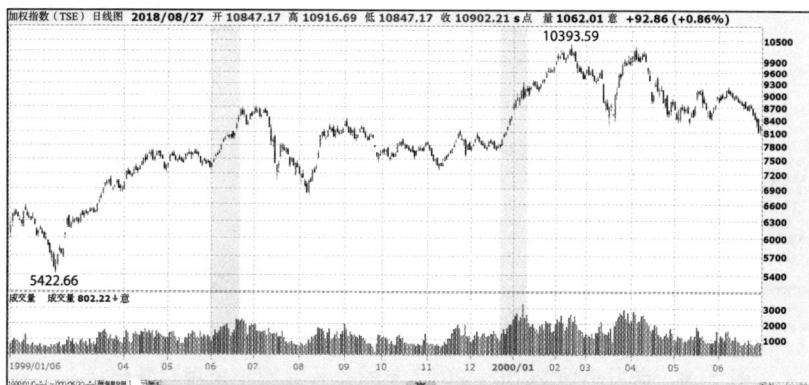

图 9-8　台股指数 1999 年 1 月—2000 年 6 月底的日 K 线图（采用对数坐标）

数据源：XQ 操盘高手

由图 9-9 可以观察到，三次量价俱扬时期，在 2006 年 4—5 月的急涨之后，爆出单日近 2 000 亿元的大量后尖头反转，很快跌到了当年度最低点 6 232.49 点，接着发动长达一年的多头，在 2006 年 12 月底及 2007 年 7 月底两次出现量价俱扬的暴涨走势，之后指数也都出现了较大幅度的拉回。

以上的六种方法彼此相辅相成，尽管方法不同，但是道理相通。
大道至简，而股市背后的道理就是人性，只要人类无法摆脱贪婪和恐惧的天性，那么股市的暴涨和崩盘将是永远分不开的搭档。

图 9-9 台股指数 2006—2007 年的日 K 线图（采用对数坐标）

数据源：XQ 操盘高手

第 10 章

投 机 家 的 交 易 原 则

《一个投机者的告白实战书》总结

真正的证券交易知识，是那些当大家忘记所有细节后留下来的东西，大家不需要无所不知，而是要理解一切，在关键时刻指出其正确的内在关系，并采取相应行动。大家必须像雷达一样捕捉重要事件，正确解释其内在关系，并且独立思考。

——科斯托拉尼《一个投机者的告白》

本章归纳出科斯托拉尼的智慧运用在金融市场实践操作上的几个交易原则，希望有助于读者们的绩效提升与实力精进。这些原则也和市场上几位知名的投资大师们的观点有异曲同工之妙，因此会交叉援引，以达到相辅相成的效果。

理解市场背后的逻辑

科斯托拉尼说："真正的证券交易知识，是那些当大家忘记所有细节后留下来的东西，大家不需要无所不知，而是要理解一切，在关

键时刻指出其正确的内在关系，并采取相关行动。"

这里所谓的"不需要无所不知，而是要理解一切"，是指我们并不需要确切去记录每一次股市多头和空头的历史，以及其背后所发生的种种原因，而是要去理解那些存在于股市中不变的道理，比如，暴涨和崩盘是分不开的搭档、股价走势并不会是一条直线而是会呈现出主人带狗散步的关系、固执的投资者与犹豫的投资者的关系及他们的动向对市场有何影响等，**这将帮我们节省下大量且必要的时间，将真正有用的投资智慧内化为自己交易原则的一部分。**

全球最大的避险基金——桥水联合基金创办人瑞·达利欧在《原则》一书中提道："原则是基本原理，可以作为行为的基础，使你得到生命中想要的事物。你可以一次又一次在类似的情况下应用，帮助你实现目标。我们每个人天天都得面对纷至沓来的问题。没有原则，我们将被迫对个人生活中的所有事物做出个别反应，就好像我们第一次体验到每件事一样。相反的，如果把这些情况分类，并且有好的处理原则，就可以更快做出更好的决策，因而获得更好的生活。"这个观点就和科斯托拉尼在前述的论点中所说"在关键时刻指出正确的内在关系，并采取相关行动"的道理相通。

对股市交易而言，我们完全不该花时间去研究股市过去的历史，而应该将重点放在发生事件的当下对市场所造成的波动反应，汇整归纳出正确的内在关系，而非事件本身的诸多细节。科斯托拉尼说：**"正如莫里哀（Molière）所写的：'一个懂得很多的笨蛋，比无知者还要加倍愚蠢。'"一个人就算把过去的股价走势图及所有历史上发生过的事件倒背如流，也无法在未来的市场当中交易获利。**因为历史事件从来不会以相同样貌重复发生，而且市场的机制和交易模式在不断进化（比如，通过计算机系统程序交易占整体市场总交易量的比重在过去 20 年大幅提升），但是市场如何去反映这些事件，追本溯源皆以人性为依归——人性经过数百年来并没有显著的进化。无论发生什么事情，事情本身并不重要，重要的是人们如何去解读这些事件，以及接续而来的市场情绪反应。

在拙作《高手的养成：股市新手必须知道的 3 个秘密》中提到的"高手赢在策略，不在预测"也是相同的道理。真正的顶尖高手，清楚知道"若观察到什么迹象，就该做什么事""若市场表现出什么样的反应，就该做什么事"，必须要以市场为中心，花时间去解析市场背后各种正确的内在关系，因此可以在任何事情发生的第一时间，就采取正确的行动。

伟大的投机家们普遍都熟知市场上各种正确的内在关系，他们了解不同的事件，无论是政府的货币政策或财政政策、社会事件、政治冲突、军事冲突、国际贸易摩擦等，对于股市真正的影响会有多大、多深，当事件发生的第一时间，他们会去**观察市场上人们的解读及行为，并且去比对这些行为和认知是正确的，还是有所偏误的，然后根据这些比对判断的结果，倘若发现市场价格短期出现偏差，随即做出正确的投资决策并从中获利。**比如，在人们对一个事件过度反应而造成市场超卖的状态下去做买进动作，或在人们对于一个利多事件过度乐观而疯狂追价时去做卖出动作。只要价格从偏差的状态下恢复到正常，这之间的价差便是有利可图的契机。

如何培养与建立这些金融市场投资的原则？最有效的方法，是投机者必须建立并且维护自己的交易记录，在每一次无论是买进或卖出的动作之前，一定要先写下判断的依据和理由，以及下单规划，然后才去做执行下单的动作，并且在事后把交易结果记录下来，据以进行事后的追踪检讨、拟定修正自己的判断模式，这也就是一种"PDCA循环"①。

对于金融投资领域来说，无论是好的经验还是坏的经验都是经验，殊不知亏损的经验重要性又高过了获利的经验，通过在这些犯错经验的检讨中才得以修正并强化自己的整套模式，成就未来更稳定获利的基石。杰出的投机家并不聚焦在赚赔的金额上，而是检视每

---

① 美国学者爱德华·戴明博士（W. Edwards Deming）1950年在日本讲习时，提出PDCA循环，就是由P（Plan, 计划）、D（Do, 执行）、C（Check, 查核）及A（Act, 行动）四大步骤所构成的一连串追求改善精进的管理工具，有人称为戴明循环（Deming Cycle）或戴明转轮（Deming Wheel），早期应用于管理学，后来也被广泛地运用到其他不同的领域。

一次获利或亏损的判断过程是否正确、该如何改进。科斯托拉尼说：**"任何学校都教不出投机家，他的工具，除了经验外，还是经验。"**

　　若想要让自己的决策系统更加稳固而且值得信赖，成为更强大的投资家，就必须在每一次交易的过程前后确实执行 PDCA 循环并且记录下来，唯有如此，个人的投资实力才会随着时间的推移而累积与提升，PDCA 循环滚动愈多次，能力就会不断地向上攀升，否则就算交易一千次，缺乏检视、修正与改进，实力也未必会有所提升——只是沦为一台胜率低于五成的下注机器罢了。

永远要做第二层思考

　　科斯托拉尼说：**"对于每个人都读到的大标题、企业消息、利润数据、利润预估和统计数字，我只了解一下而已，对这些并不特别感兴趣，因为这些讯息都已经反映在指数上了，而且就像指数一样，已经成为过去式。我的座右铭是，凡是证券交易所里人尽皆知的事，不会令我激动。"**

因为股市有"既成事实"的现象，既然是大家都已经知道的事情，就不会再有额外获利的机会。在股市里，如果我们所想的、所做的都和普罗大众一样，相对而言，就无法期待自己的绩效会优于平庸水平，一生的财富水平也就难以摆脱现况。

科斯托拉尼曾引用战争为例，**往往战争前的紧张情势会让股市下跌，正式开战之后股市反而容易开始起涨，因为想卖的人都卖了，筹码在固执的投资者手里。然而，他提醒有一个例外：影响货币的事件，即使在未来也会有影响。**因为紧缩的货币政策通常会在未来的一年之内显现出资金短缺的状况，导致股市面临卖压。基于此，当我们知道美联储自 2015 年 12 月起的升息循环将持续到 2019 年不会停止，而欧洲央行和日本央行也预计将在 2019 年稍晚有升息可能的状况下，全球股市所面临的是整体金融市场资金的紧缩，2019 年若要持续有好的表现，难度就高了。

既成事实的现象往往会导致股市的利多出尽而下挫，比如，2018 年 1 月，开年就有美国政府大幅减税方案付诸实施的超大政策利多，加上当时美国企业财报亮丽的基本面利多（当时美国 1 月财报季所公布的平均获利创下两年多来新高），然而，美股却在 2018 年 1 月 29 日开始大幅度下挫，到 2 月 9 日见到低点，在这短短的两周内，美股跌幅将近 12%（如图 10-1 所示）。当时也同步引发了欧洲股市、日本股市，以及中国等所有新兴国家股汇市联袂重挫。

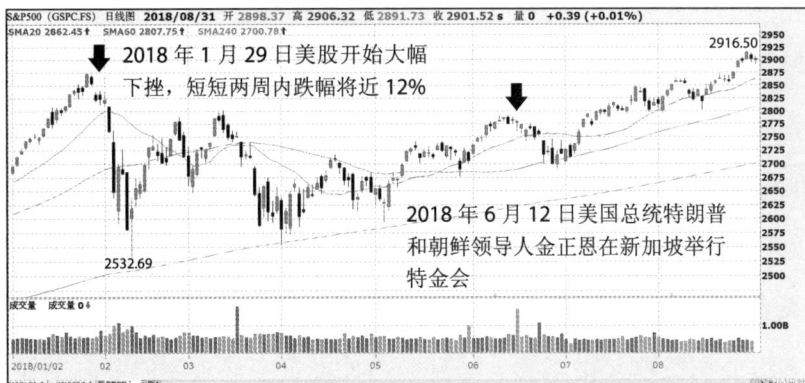

图 10-1 美国标准普尔 500 指数 2018 年 1 月—2018 年 8 月底的日 K 线图

数据源：XQ 操盘高手

因为前述的利多集中在 2018 年 1 月份出现，市场普遍事先已经知道这些利多，因此所有想买股票的都买了，那么还有谁会来买呢？反向思考就看谁先卖了。事后来看，2018 年 1 月底，包括美国退休养老金在内的大型机构法人进行"**资产再平衡**"（Portfolio Rebalance），**也就是获利了结账上涨多的股票部分、转入其他相对较低的债券部分**，因而有大量的股票被卖出，促发了连锁性的卖压，以及程序交易的止损单，遂酿成了急邃而来的一波股灾。

另一个利多出尽的例子是特朗普和金正恩会面的国际政治利多，

2018 年 6 月 12 日，美国总统特朗普和朝鲜领导人金正恩在新加坡正式会面。由于在这次会前一两个月，市场就普遍预料此次会面之后，朝鲜半岛可能将走入非核化并且建立和平机制，股市随着和平的大调在 6 月 12 日之前上涨了两个多月。然而，会谈结束后，美股却出现明显的获利了结卖压，连续跌到 6 月底才止跌回稳。

想要克服既成事实现象，超越市场上多数人的平均表现，就必须具有前瞻思维、不从众、不随波逐流的坚决与果断。橡树资本管理有限公司董事长霍华德·马克斯在《投资中最重要的事》中强调了 **"第二层思考"** 的重要性。以下这段是该书中的举例：

第一层思考会说："这是一家好公司，就买这一只股票吧！"

第二层思考则会说："这是一家好公司，但每个人都认为这家公司很好，所以这只股票的股价被高估。市价过高，所以卖出！"

以台股为例，上市公司在公布亮丽的营收数据之前，股价往往早已开始上涨。然而，等到正式公告数据之后，已是既成事实，股价反而可能会利多出尽而下跌。因为 **一家公司的营收若有大幅成长，公司里的经营管理阶层、上下游供货商、公司里的员工，甚至同业竞争对手们也都会知道，不用等到营收公布。** 另外，就算是不属于上述的相关人士，熟悉个股技术分析与筹码分析的人，也能够根据营收尚未公布之前的筹码流向（比如，公司大股东或者主力大户的大额买进）或者技术面所呈现的"价涨量增"判断出来，预先进场卡位；等到营收公布之后，全市场所有人都知道了，该买的人也都买了，于是，在营收公布后股价随即可见获利了结的卖压。

在拙作《高手的养成：股市新手必须知道的 3 个秘密》当中，我翔实剖析了"金融市场不是多数决，而是少数决"的含义。由于在市场上，为数众多的散户们信息通常较不完整甚至缺乏，相对来说，主力大户或者大型机构法人虽然是少数人，但却拥有较多的信息，在换手的过程中，总是拥有较多信息的一方占有优势，因而，少数的 20% 交易者赢走了市场上 80% 以上的利润。如果我们停留在第一层思考，也就是市场上 80% 的大多数人的思考，自然而然成为那 80% 的输家（低于整体平均表现就是输家，而我们只要买进持有大盘指数的 ETF 不动就可以获得市场平均表现）。

要成为杰出的投机家，**必须留意观察市场上大多数人的想法（也就是那 80% 的平庸者的想法），并统筹思考市场上人们普遍的想法，据此来拟定投资策略并且从中获益。**以中国台湾地区的股市为例，最容易观察出市场上多数投资人想法的方式，就是看技术分析所显示的信息，因为技术分析是一般散户投资人最容易取得、也是少数能够靠自己分析判断的工具。

以图 10-2 台股指数自 2018 年 1 月—8 月底的日 K 线图为例，共出现 4 次跌破年均线（240 日移动平均线）的状况，而且每一次都伴随着月均线（20 日移动平均线）与季均线（60 日移动平均线）的下弯。主要受国际政治的影响，投资人信心不足，加上新兴市场货币贬值蔓延效应使新台币兑美元也呈现弱势。从技术面来看，台股指数 2018 年这 4 次跌破年均线，明示出散户投资人的担忧与抛售。然而，在全球资金潮汐尚未退潮之前，美股持续创下历史新高，就足以支撑联动性高的台股指数维持在高档不坠。因此，每一次散户投资人的恐慌，往往营造出捡便宜买进的好时机。

图 10-2　台股指数 2018 年 1 月—2018 年 8 月底的日 K 线图

数据源：XQ 操盘高手

善用趋势的力量

科斯托拉尼说:**"在指数上涨过程中,即使是最差的投机人士也能赚到一些钱;而在指数下跌过程中,即使挑到好股票的人也赚不到钱。因此,投资最看重的是普遍的趋势,其次才是选股。"**

伟大的投机家关注全球总体宏观面的状况,据以掌握当下的主流趋势,并且顺势操作,因为这是胜率最高的方式。比如,经过 2008 年金融海啸之后,美、欧、日央行接连实施量化宽松政策,大举释放资金到市场上,并且承诺无限量的挹注流动性直到市场明确复苏为止,一场有史以来最庞大的资金潮揭开全球股市的资金行情,多头从 2009 年开始回升,一直走到了 2018 年。在这段长达 9 年多的上涨趋势当中,基本上只要不做空,除非选到非常差的股票,否则做多理应不太会赔钱;如果是选择和大盘指数比较贴近的大型权重股,或者是指数型基金、ETF 等,几乎很难赔钱。

　　顺势而为，时间就会站在你这边，随着时间的推移，多头时期的涨潮趋势自然会推升股价不断走高；反过来说，如果逆势而为，站在与时间对立的一方，时间愈久对你愈不利。因此，**多头市场不做空，空头市场不做多，可说是投机家们的基本原则之一。**

　　至于如何分析趋势是处于多头还是空头，一般而言，最常被使用来追踪全球股市绩效表现的指标，是 MSCI 全球指数（MSCI All Country World Index），如果这个指数在持续上升的趋势当中，那么我们就可以说全球股市处于多头市场；反之，则是空头市场。这个指数的组成可以参考 MSCI 网站。全世界有将近 3.7 兆美金是参考这个系列的指数在做资产配置，所以针对性非常高。

　　当我们进一步细看 MSCI 全球指数的权重分布，可以明显发现，美股占了过半数的比重（52.2%，截至 2018 年 6 月 30 日）。这也意味着，**只要"美股涨"，那么有一半以上概率就代表"全球股市涨"；相反，美股跌，全球股市普遍会是下跌的状态。由于现在全世界许多基金经理人都是在进行跨国投资，所以全世界股市几乎已经融合为一个市场了。**尤其在 2008 年金融海啸之后，美国率先走出衰退，经济最为强劲，因此，美股过去 9 年多来累积的涨幅也远远超越了指数权重中的其他大多数国家，这使得美股占全球股市的比重愈来愈高。

　　依据"多头市场不做空""空头市场不做多"的基本原则，截

至 2018 年 8 月底，美股中的纳斯达克指数及代表大型股的标准普尔
500 指数，还有代表小型股的罗素 2000 指数都仍持续再创历史新高。
因此，美股仍处于多头，这也意味着全球股市仍处于偏多的趋势当
中，在美股没有转向空头之前，并不适合做空股市。否则，随着时
间推移，美股持续创新高而带动了其他国家的股市上涨，做空者相
对容易被轧空而导致亏损。**等到美股翻空，再开始站在空方思考全球
股市肯定都来得及，实在无须在美股仍频创新高的阶段冒险尝试逆势
而为的空单。**

再按照历史统计，美股、欧股、日股这三大板块的相关系数高
达 70% 以上，是高度的正相关，尤其美股加上欧股及日股，已经占
了全球股市约 80% 的市值，联动性相当高，这也是为什么只要美
股涨，几乎连动全球股市齐涨的原因。比较图 10-3 美国标准普尔
指数自 2009 年 1 月—2018 年 8 月底的月 K 线图，图 10-4 德国
DAX 指数同期间走势图，以及图 10-5 日经 225 指数同期间的走
势图，就可以观察到，走势高度相似的状况（以上走势图皆采用对
数坐标）。

一般来说，跨国操作的全球型基金经理人，尤其操盘资历超过
10 年以上的资深经理人，都不会偏离对比指数（benchmark）太多，
因为长期要赢，就必须要先跟上指数，才能够进一步去寻求打败指

图 10-3　美国标准普尔 500 指数 2009 年 1 月—2018 年 8 月的月 K 线图（采用对数坐标）

数据源：XQ 操盘高手

图 10-4　德国 DAX 指数 2009 年 1 月—2018 年 8 月底的月 K 线图（采用对数坐标）

数据源：XQ 操盘高手

日经指数（N225.FS）月线图 2018/08/31 开 22642.18 高 23032.17 低 21851.32 收 22865.15 s 量 15.62B +311.43（+1.38%）
SMA12 22239.31↑ SMA120 14184.18↑

24129.34

年均线

10年均线

7021.28

图 10-5　日经 225 指数 2009 年 1 月—2018 年 8 月底的月 K 线图（采用对数坐标）

数据源：XQ 操盘高手

数的机会。也由于这些大型跨国基金的规模相当庞大（相当于固执的投资者），如果他们持续看多而且做多全球股市而不做卖出的动作时，散户投资人并没有必要与国际主流趋势反着来。

判断市场处于哪个阶段

科斯托拉尼说："全部的技巧，就在于判断市场是处于哪个阶段。

经验丰富的投资者凭着敏锐的观察力，可以感觉到市场处于哪个阶段，虽然他并不能每次都用言语表达出来。但正如没有完美无缺的投机一样，并没有这方面的教科书，也不存在大家可以盲目利用的方法。因为假如真是这么简单，那么每个人都可以在证券交易所里讨生活了。"所谓"判断市场处于哪个阶段"可以参考"科斯托拉尼鸡蛋"的判断准则。在 A1 的市场起涨阶段，最容易判别出来的方式，是当空头市场已经持续很长一段时间，又再度出现较大利空消息时，表现在股市上是并未继续下跌，而是相对抗跌，这是一个"利空钝化"的契机，代表行情已接近底部，未来若出现重大利多，可能就会开始上涨。但在股市上涨的初期，成交量普遍较少，因为太少人参与股市，而且普遍都仍停留在对空头市场的余悸当中，对于进场买进感到恐惧且意兴阑珊。

在 A2 的多头中期阶段，通常成交量比 A1 阶段放大许多，代表愈来愈多的人开始相信股市已经进入多头市场，因而选择勇于进场交易。在 A3 的多头末期阶段往往成交量暴增，在股市当中参与的散户投资人争相而至，而且为自己的获利感到自豪而到处炫耀，此时通常就是行情即将来到高点反转向下的征兆。

相反，B1 的修正初期阶段，最容易判别的特征就是股市经过很长一段时间的多头上涨之后，尽管后来出现了重大的利多消息，然而股价却反应平平，甚至有利多出尽的卖压出现。这意味着市场上大家普遍都已经持有了过多的股票，却没有现金了（甚至有些钱是通过融资或借贷而来的，这在多头行情的尾声表现得最明显），人们已无法再买进更多股票，只能期待更高的股价让他们获利了结出场，因此，即便有更多的利多消息出现也很难再刺激股价上涨。然而，这个阶段固执的投资人已经对后市不再抱有太大希望，因此开始卖出股票，尽管景气可能还持续热络，然而股价已经开始初步下跌。

在 B2 的空头中期阶段，通常成交量比 B1 阶段还要放大，代表更多人已经加入卖股求现的行列，这时候体质不佳的股票下跌速度非常快，几乎没有买盘支撑，但体质好的公司股价则相对抗跌。在 B3 的空头末期阶段，可能会出现成交量大增的状况，因为市场上恐慌性的卖压已经出现，形成人踩人的逃命现象，使用融资的散户遭逢斩仓卖压，被迫不计价位出清所有股票。因此，在这个阶段，就算业绩很好的公司股价也无可避免惨遭牵连，形成强势股补跌的状况。也就是说，此时不论好公司还是烂公司的股票全部都被抛售，这往往就是跌势的尾声。

科斯托拉尼说：**"小麦跌时，没有买小麦的人；小麦涨时，没有小麦。"** 他所建议的买进股票的时机，是 B3 及 A1 阶段。股市新手们通常难以理解，为何 B3 阶段的股市还在空头当中，却要进场承接股票？何不等到市场底部确立，开始进入 A1 阶段的多头市场之后再开始买股票呢？

老手们普遍认清一个很重要的事实：**大盘指数只是整体市场的平均表现，是把最好的公司和最差的公司全部混在一起的加总平均。**然而，好公司和烂公司的股价表现差异是非常大的，**往往大盘指数在 B3 阶段时，体质好的公司股价已经来到 A1 阶段；而当大盘指数进入 A1 阶段时，那些好公司的股价已经涨到了相当于大盘指数 A2 的位置。**如果你没有在 B3 阶段就清楚哪些好公司的股票被市场贱卖及时买进捡便宜，等到整体市场回到了 A1 阶段时就已经涨到很高了，此时显然已经错失了有利的机会买点！

将图 10-6 与图 10-7 的走势图比较发现，在 2008 年金融海啸期间，台股指数最深跌到 2008 年 11 月 21 日低点 3 955.43 点触底，然而中国台湾地区的中华电（2412）的股价则是在 2008 年 10 月 20 日即触底起涨，当台股指数一个月后在 11 月 21 日起涨时，中华电的股价已经距离底部上涨超过了 13.3%。像这类每年稳定配息而且股价稳定的公司，即便遇到景气萧条也不可能倒闭，却在金融海啸的股灾当中被错杀，如果在股价被贱卖的时候没有进场捡便宜，等到金融危机过了，股价很快就恢复到了原有的水平，那时再进场已经没有太大获利空间了。

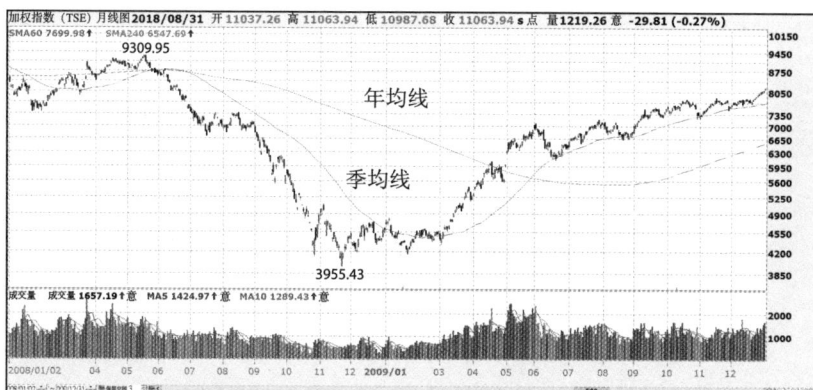

图 10-6　台股指数 2008—2009 年的日 K 线图（采用对数坐标）

数据源：XQ 操盘高手

图 10-7　中华电（2412）2008—2009 年日 K 线图（采用对数坐标）

数据源：XQ 操盘高手

以偏多操作为主

科斯托拉尼说："我赚了很多钱，但是其他人却把钱赔光了。我的愿望实现了，但发生在我眼前的景象，却使我闷闷不乐，朋友、同事、所有我喜欢的人都垮掉了，他们在这场危机中，失去金钱，失去社会地位，不知道未来会如何。而我却负担得起任何梦寐以求的奢侈和享受，豪华饭店和餐厅，穿着制服的私人司机，一切都在眼前，因为我的钱包装满了钱，但是，其他人没有和我在一起。美好的气氛过去，欢笑逐渐消失，取而代之的是痛苦和糟糕的心情。我独自一人，只有我自己……"

科斯托拉尼在美国经济大萧条期间通过放空交易而获得了巨额财富，但后来他渐渐发觉，尽管获得财富满足，然而心境却非常孤独。有一天他豁然开朗，做空是悲观主义者，一切获利建筑在别人的痛苦上，那么，何不跟大家一起赚钱，一起快乐呢？以上就是他最终加入牛阵营的心路历程。

当然，除了情感因素与怜悯之心以外，他所处的总体大环境也有所改变，在第二次世界大战之后，世界局势以和平大调为主，尽管之后发生了一些局部战争，但相比第二次世界大战，影响层面都比较小，而且战场局限于亚洲或中东地区，并未发生在欧美本土。因此，那时全球股市涨多跌少，与第一次世界大战到第二次世界大战之间那段政局动荡时期截然不同，做空人士已无法再有那么大的发挥空间了。

科斯托拉尼说：**"一种股票最后可能上涨 1 000%，甚至 10 000%，但最多只能下跌 100%。"** 这也是做多股市会比做空股市的报酬率高、风险低的另一个主要原因。就以 2008 年金融海啸过后，2009—2018 年间长达 9 年多的股市多头市场来算计，美国标准普尔 500 指数的累积涨幅已经超过了 337%（由 2009 年 3 月 6 日低点 666.79 点上涨至 2018 年 8 月 29 日高点 2 916.50 点），这仅是美国 500 只大型股的平均表现，而有些小型股或者科技股在这一段期间的涨幅已经超过了 1 000%。从图 10-3 美国标准普尔 500 指数自 2009 年初至 2018 年 8 月底的月 K 线图当中可以观察到，这期间每一次的回调修正，最大跌幅没有一次超过 20%，很显然，做多的胜算远比做空大许多。

打断与成本的连接

科斯托拉尼说："**股票价格是贵还是便宜，取决于基本数据和企业的发展前景。按照这种标准，投机人士必须尽可能客观评价一种股票，至于是什么时候进场的，并没有太大作用，证券市场不会顾及这一点。即使已经上涨 1 000% 的股票，仍可能值得购买，而已跌了80% 的股票可能还是不值得买进。**"

市场上不少投机者有"成本的心理障碍"，也就是太过于以自己的买进价格作为衡量目标是好还是坏的标准。比如，赚钱了就高兴，觉得目标很好；赔钱了就很难过，觉得目标很差劲。事实上，成功的投机家们并不会以自己的损益作为评价目标好坏的基准，因为即便是好的目标买在错的时机也可能赔钱，而差劲的目标若买得恰逢其时却可能赚钱。尤其以极短期来看，运气成分的比重又大过了基本面。

在科斯托拉尼眼中，目标并没有好坏之分，只要能够投机就是好目标，和目标物本质好坏无关。**这是投机与投资最大的不同之处：投机在意的是价差（价格的变动愈大愈有投机的空间），而投资在意的是价值（在市价低于合理的价值愈大的时候，也就是安全边际愈大，愈值得买进的时候）。**

即便是一家业绩很差的公司，但因为具有转机题材，让股价扶摇直上翻涨好几倍，在投机者的眼中就是好目标，尽管价值投资者可能对此不屑一顾。此外，投机除了做多交易以外，也同样活跃于做空交易，因此如果有一家公司因为缺乏竞争力而被市场淘汰，让股价下跌超过五成，甚至下跌超过九成，在投机者的眼中这就是一个做空的好目标，尽管如此，经营绩效极差的公司可能从未被列入价值投资者的名单之中。

举例来说，2011 年，中国台湾地区股市里当时的股王宏达电（2498），因为在智能型手机领域自创品牌成功并打入了国际市场，股价表现得相当亮丽，最高达到 1 300 元。然而，好景不长，随着它在海外市场的节节败退，其股价也因此持续下跌，2015 年最低甚至跌到了 40.35 元。由图 10-8 可以观察到，该公司自股价 1 300 元以来至今，几乎有八成的时间都是在下跌，每一次的股价反弹，都引来融券放空的增加，因为这样竞争力节节败退的公司在投机者眼中是放空的好目标，至于是不是好公司并不重要。

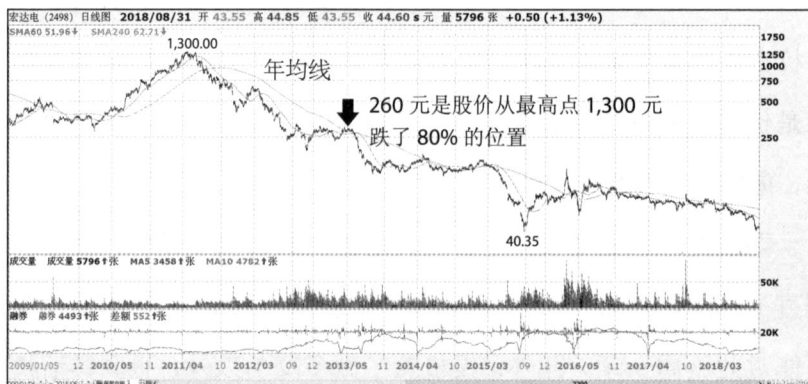

图 10-8　宏达电（2498）2009 年 1 月—2018 年 8 月的日 K 线图（采用对数坐标）

数据源：XQ 操盘高手

　　图 10-8 的走势也验证了科斯托拉尼所说的："已跌了 80% 的股票可能还是不值得买进。"以宏达电股价最高点 1 300 元来说，跌了 80% 也就是只剩下 260 元，但是买在 260 元的投资人，结果会赚钱吗？事后来看，股价从 260 元再跌到 40.35 元，又跌了 84.4%！如果只因为某一家公司股价已经跌得很深、觉得很便宜，想要捡便宜，这以投机者的角度来看是个大错误。**在伟大投机家的眼中，他们在意的是未来，而不是过去，过去是给历史学家研究的，而投机家专注于判断未来的发展趋势。**

科斯托拉尼说:"当我还是年轻人时,曾经学过开车,汽车教练跟我说:'你永远学不会开车!''为什么?'我吃惊地问。'因为你总是盯着方向盘。你应该把头抬起来,看前方 300 米的地方。'从那以后,我坐在方向盘前,就变了一个人。"在科斯托拉尼眼中,以研究过去历史价量走势为主的技术分析无法带来超额报酬,只有贩卖技术分析及相关分析软件的人才能够赚到大钱。如果说盯着盘面在做对冲交易的人如同眼睛盯着方向盘在开车,那么靠过去历史价量走势进行技术分析以作为交易依据的人,就像是看着后视镜在开车一样。

严格执行卖出的纪律

科斯托拉尼说:"最难的是在证券市场里承认赔钱,但就像外科手术,在病毒扩散之前,必须把手臂截肢,愈早愈好。要这样做很难,100 个投机家中也许只有 5 个人能做到。证券交易玩家所犯下最不可原谅的错误,是设定获利的上限,却让亏损不断膨胀。一位正确

操作且有经验的投机家会让利润增加，然后以相对较小的损失出场。"

许多投资人在股市中惨赔的最主要原因，是大幅亏损的时候不愿意认赔出场，或者在心理上觉得杀出之后就是杀低了，之后会更后悔。对于这样的想法，傻一点可说是"账上的亏损没卖出以前不算真正赔"，有深度一点可说"回归均值"（mean reversion），等待超跌之后的回弹。然而，在投机家的眼中，如果投资一国的大盘指数，因为横跨各种产业，而且指数成分股有汰旧换新机制，放久了或许会随着景气的再度扩张，大盘指数回升上来，但是个别产业、个别公司则未必。

若是一家公司因为缺乏竞争力而被业界淘汰了，现实点说，就是出局了，并不会再回来，有时候并不是个别公司的问题，而是整体产业产生变革，新技术与新规则取代了原有的系统，使整个旧产业供应链被淘汰，甚至消失，如何能再回来呢？在这些被淘汰的产业中，有逐渐没落的夕阳工业，例如，光盘取代了录像带，而云端储存技术又逐渐取代了光盘；或者技术规格竞争下的输家，例如，智能型手机领域的操作系统逐渐被两强：苹果阵营的 iOS 系统及开放式平台的 Android 系统霸占，采用其他系统的业者或是被淘汰或是被迫转型投靠前两大阵营。

事实上，那些被淘汰的产业、被淘汰的公司，从公司营运的基本面评估结果是市场占有率、营收和获利持续衰退，对应在股价趋势上显示出来的就是长期空头走势。这是投机家们最好的放空目标，因为时间会站在空头的一方，直到公司退市甚至倒闭，或被其他公司并购为止。持有这些公司股票的投资人如果只因为账面上损失太大而无法忍痛出场，不可讳言，这自然就成了放空投机家们丰厚获利的稳定贡献者。我必须强调，**投机家们放空交易的对象是那些经营不善的公司，或者人谋不臧、经营管理阶层犯下大错的公司，而不是针对散户。**当公司面临来自市场的自然法则淘汰机制时，切记要尽快从这个旋涡中离开，唯一要做的：只有卖出。

市场要涨还是要跌，与个人买入成本毫无关联，如果被自己的成本钳制住，将很难达成最佳的投资决策。最佳的投资决策很简单："市场要涨就该买进或做多，市场要跌就该卖出或做空。"这句话里没有"成本"两个字。成本是给弱者自我安慰用的，它会让人原地踏步甚至沉沦；赢家专注于洞悉市场，于是不断前进。你只要卖出错误的部分，让这些资金得以自由买进对的目标，自然而然可以继续获利，**每一个好目标带给你的上涨潜力都可能大过那些拖住你绩效的目标，请不要让错误的部分困住了你。在市场上没有人可以困住你，只有你的心态能困住自己。**

科斯托拉尼说："**不要冀望不惜任何代价，把赔的钱'重新赚回来'。如果已经蒙受损失，便必须承认，把账算清，马上从零开始。"事实上，赔掉的钱是不会赚回来的，如果你之后有赚钱，是因为你变得更精明、实力更强，因此能够从市场当中把钱赚进来。而这些钱并不是你之前赔掉的那些钱，市场机制是每天收盘后立即结算，赔掉的已成历史，你无法改变过去。

过去赔掉的钱能够和未来有唯一正相关的，是从错误当中学习到的经验，协助你成为更好的投机者，明白建立正确的观念、做出正确的判断、执行正确的交易，从市场中光明正大地赚取财富。**市场永远尊敬那些观念正确的人，并给做出正确判断与决定的人最好的报偿，而你要努力成为这样的人，金钱的报偿只是随之而来的自然结果。**

由于要做到断然停损并不容易，100 个投机家当中也许只有 5 个人能做到，因此我提供以下这个在法人圈中最常用来辅助达成停损机制的方法，供一般投资者们参考。由于事后亏损造成的心理障碍太大，人们都知道该停损但是做不到，因此真正有效的停损辅助机制并不是在事后，而是在事前：**严格限制任何单一个股占整体投资组合比重不超过 10%，而单一国家的比重不超过 50%**。这是一个防呆机制，避免自己因错估而大亏之后动弹不得。上述原则看似平淡无奇，但却绝对有效。

　　在一只股票只占你投资组合 10% 的状况下，就算股价下跌了 50%，对你整体的绩效而言也仅损失 5%，这让你要砍就可以砍得很轻松，可以下得了手，因此大幅地提高了你的存活率。记住，**金融市场是比气长，而不是比气盛，真正在金融市场上获得最大财富的人，都是那些长存股市的人**。科斯托拉尼以 93 岁的高龄去世，离世前一直都没有离开市场。而奉行长期投资的股神巴菲特，现年 89 岁，他的合伙人芒格已 95 岁高龄（截至 2019 年 10 月底），他们都从未离开市场，这才是投资获利最大的关键——时间。

　　愿纪律、智慧与你我同在！

要走得快，一个人走；要走得远，你需要同伴

在投资理财的学习之路上，并不是 0 与 1 的游戏，而是从 0 到无限大的累积。我们并不会因为做对一笔交易而达成可以退休享受荣华富贵的目标，而是经过一次次"对的事情持续做"，时间，会把做对的事情用乘法放大到我们的一生。这就是复利效应，无论理财或人生，都是如此。

在金融市场是比气长，而不是比气盛。非洲有一句谚语："**要走得快，一个人走；要走得远，你需要同伴。**"股神巴菲特与他亦师亦友的合伙人查理·芒格，自 1959 年相识、相知、相惜，时至今日依然维持密不可分、亦是战友又是知己的辅车相依的关系，截至如今已有一甲子（60 年）时间。如果想在金融市场上走得长远，就一定要慎选好的伙伴陪你一起走，切记财富累积的秘诀在于复利效应，而其关键要素正是时间的长度。

我不知道你何时可以让自己的能力和财富累加到无限大，但我确定的是，只要有纪律而且稳定前进，你会走到离 0 很远的地方，当你回头看看以前的自己，你会发现自己已经站在一个当初想象不到的遥远距离。无论你是否能在金融市场上获利丰硕，我希望在为善助人这条道路上，你能与我并肩同行，因为心灵的富有，才是真正的上流。科斯托拉尼终其一生纵横全球金融市场，但最后仍选择了投资者阵营，并在咖啡馆无偿讲授投资知识，解答投资人的问题。繁华落尽见真淳，可见心灵的快乐和满足，才是人在世界上真正的富有。

如果你要以一生可以赚多少钱为目标，那么我不确定需拥有多少财富，才能够填满那颗贪婪且无法知足的心；如果你以一生可以帮助多少人为目标，那么我确信你的人生会因此充满幸福和快乐——因为这就是我每天夜晚可以带着微笑入睡，清晨带着希望起床，在黑暗中从不恐惧，处乱世中从不孤单的秘诀，与你共享。

愿善良、纪律、智慧，与你我同在！

安纳金

2018 年 9 月 28 日

附　录

A p p e n d i x

安纳金投资洞察 Q&A

在此摘录了安纳金过去在网络上与粉丝交流的一些经典问答，可以作为科斯托拉尼投资智慧的应用与延伸。

Q1·美国 10 年债收益率突破百分之多少时股市会崩盘？

金融市场没有绝对，只有相对。如果你想要寻求一个完美的公式，或者必胜的判断模式，那么我会说你是徒劳无功的。你愈执着于高准确率，那么你就会在少数那一次不准的时候惨赔到无法弥补。

如果你要一个绝对的答案，我可以跟你说："美国 10 年债收益率突破 7% 时，股市会崩盘。"这个答案绝对正确，但是对你没有用，因为未来你几乎遇不到这个水平。

如果我跟你说："美国 10 年债收益率突破 3% 时，股市会崩盘。"于是你在 2.99% 水平时去大量放空美国股票期货，结果美国 10 年债收益率突破了 3%，股市并没有崩盘，你却破产了。

散户们常想要寻求一个"一定的答案"，那么这就注定了多数散户惨赔离开的宿命。因为本回答的第一段才是更重要的"原则"，而这些原则比起你要的那一个"完美判断标准"，对你的投资生涯更有帮助。这是我 20 多年在全世界主要股市、债市、外汇、商品及原物料甚至不动产和艺术品市场大量验证下所观察到的结果，也是数以万计的散户惨赔离开市场而得的真知灼见，尽管多数散户现在对此仍无法理解。

我可以举一个最简单的例子。

散户问："请问股市是不是 $2 \times 2 = 4$?"（见山是山）

我会说："金融市场没有绝对，只有相对。如果你想要寻求一个完美的公式，或者必胜的判断模式，那么我会说你是徒劳无功的，你愈执着于高准确率，那么你就愈会在少数那一次不准的时候惨赔到无法弥补。"（因为这是真知灼见的根本原则）

散户又问："可是科斯托拉尼说 $2 \times 2 = 5-1$ 啊?"（见山不是山）

我会说："2×2可以是5-1，但有时候是2×2＝6-2，有时候是2×2＝7-3，有时候是2×2＝8-4，有时候是2×2＝9-5，有时候是2×2＝10-6，有时候是2×2＝11-7……因为这些在全世界金融市场都发生过。"（见山又是山）

"金融市场没有绝对，只有相对。"这才是至高的原则，恪遵原则的人，才是大赢家。如果你抛弃了这些原则，那么才是你在金融市场惨痛教训的开始。我已经见证了无数散户因为失去原则而失败的例子，而且见证了多位大师因为奉行某些原则而成为大师、世界首富前几名或者全球最具影响力的人物前一百名的例子。

如果你觉得原则很难懂，这是正确的认知：**"因为难懂而散户不愿意花时间去弄懂，于是金融市场上的赢家才会是少数人，那些少数愿意用心学会金融市场原则的人，那些愿意严格遵守、奉行原则的人。这就是输赢的关键。"**这又是另一原则。

回到"美国10年债收益率突破百分之多少时，股市会崩盘"这个问题。

以下文字是我于2018年4月23日发表在网络上，也就是关于"金融市场没有绝对，只有相对"原则在当今债券市场的实例解说，希望你有空可以看一下，而且愿意花时间去看懂它。

为什么长短期利率倒挂，通常之后进入景气衰退？

"美国 10 年债收益率突破百分之多少时股市会崩盘"，不是一个参考性高的指标，反而"收益率曲线变成负斜率之后股市会崩盘"的参考性较高。

"短期利率看政策，长期利率看供需。"这是一个基本原则。央行提高利率就是提高短期（货币市场）利率，而长期（债券市场）利率是由债券的买卖双方供需所决定的。有些人喜欢用"美国联邦基金利率－美国 10 年期公债收益率"作为长短利差的指标，有些人喜欢用"美国 2 年期公债收益率－美国 10 年期公债收益率"，两者皆可，只要短期利率高过了长期利率，就代表"收益率曲线负斜率"。

在过去 20 年当中，1998 年、2000 年、2007 年都出现了这个现象，而股市在之后的几个月到 1 年之内，美股呈现崩盘（1998 年中的最大跌幅仅约 22%，但是台股从 10,256 点跌到了 5,422 点，确实是崩盘）。

"收益率曲线倒挂，股市一定会崩盘？"

没有人可以保证未来一定如此，只能说过去 20 年确实是这样。要留意，金融市场的大灾难都是在过去没有发生过的，比如，2008 年美国放手让雷曼倒闭，这种百年大型金融机构倒闭在当时都是过去从未发生实际却发生了的事。如果不是因为这个事件，那么 2008 年股市未必会崩跌得那么严重。

货币市场是债券市场的竞争者之一，以 2018 年 4 月 23 日美国联邦基金利率在 1.75% 来说，美国 10 年期公债收益率在 2.96% 左右，还不至于构成威胁，但若第二年美联储又多升了四码（一码为 0.25%），让货币市场利率达到逼近 2.75%，那么你是想一年定存 2.75% 完全保本保息，还是持有美国 10 年期公债一年不保本（价格在未来一年会上下波动很大）呢？如果后者利率不往上走（例如超过 3% 以上）来吸引人，定存族何必牺牲货币市场稳稳的报酬去承担债券波动风险呢？

美国 2 年期公债被视为短年期的债券（收益率正常来说要比 10 年债还要低，因为若要说 10 年内美国一定不会倒账，没人敢保证；但是若说 2 年内不会倒账，大家比较有信心），而且因为年期短，存续期间 ① 较短，所以跟货币市场利率稍微贴近，而和买家们对于景气的判断弱无关。

美国 10 年期公债被视为中期债券，主要买家是各国央行、各国退休基金、主权财富基金、保险公司（因为保险的保障长达 10—40

---

① duration，也就是债券价格对于利率变动的敏感度。

年，因此需要买中长年期的债券来达到资产负债表平衡）、国际上各大金融机构，还有避险基金。因此，交易者非常多元，买卖交易量很大；存续期间较长，其价格波动较大。既然要承担较大的价格波动风险，因此市场交易者都会审慎判断"未来"的景气变动（作为判断"未来"利率变动的依据），来决定合适的买卖价格。同时也说明，这个价格是由市场所有的买卖家们交易出来的价格，与"现在"美联储的利率（也就是短期利率）没有太大的直接关系。

如果 2 年期公债收益率高于 10 年期公债，代表市场对于 10 年期公债的买进需求很大，通常是因为看衰未来的景气，因此庞大的资金从股市跑出来，流向了具有固定收益的债券市场，把债券价格推到很贵的地步，导致收益率低到比 2 年期公债收益率还要更低，也就是所谓的"收益率曲线倒挂"现象。记住，债券就是股票的最大竞争者（而货币市场是债券市场的次要竞争者，房地产市场又是债券市场的次次要竞争者）。

图 1 是美国标准普尔 500 指数与美债收益率曲线图。

因此，**科斯托拉尼在《一个投机者的告白》中提到，央行升息也会影响到长期利率（债券市场属于长期利率），是间接的影响，不是直接的影响。**只要你真的有买过美国公债（或公债相关的基金），应该不难感受到央行政策利率同时会直接影响货币市场，间接影响债券市场、外汇市场，并且会影响股市、黄金、原物料价格、房地产价格、艺术品价格……**因为央行决定了资金的潮汐，它们才是"整个市场"最大的主力！**

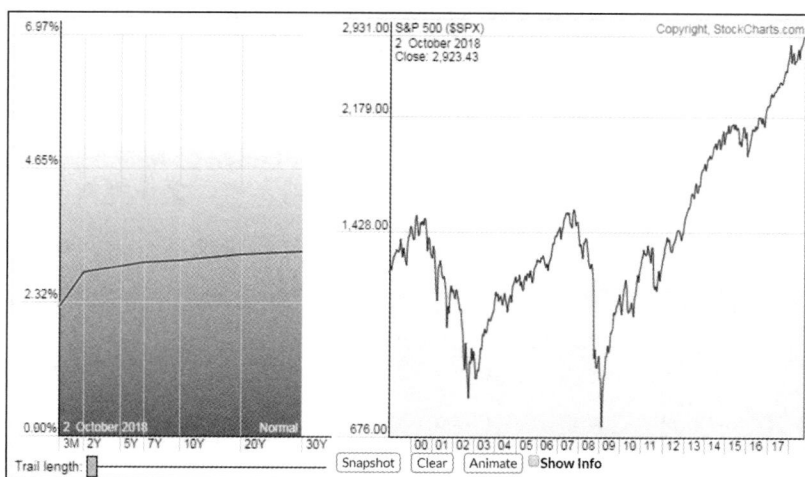

图 1　美国标准普尔 500 指数与美债收益率曲线图

数据源：http://stockcharts.com/freecharts/yieldcurve.php

另外，真正的市场之大，超乎多数散户投资人的想象，股市加债市虽然是主流，但也仅是整个市场的一部分（如果将所有可交易的外汇和货币市场、衍生性金融商品、房地产、艺术品总规模全部算入）。因此，我们不能说股市流出的钱一定会流入债市（比如，2018 年 1 月底股债齐跌），而是牵一发而动全身。所以我说，金融市场没有绝对，只有相对，若债市今年大失血，并不代表股市一定会大涨，而且每次的状态都不太一样，所以如果你想要寻求一个完美的公式或者必胜的判断模式，那么我会说你是徒劳无功的。你愈执着于高准确率，那么你就会在少数那一次不准的时候惨赔到无法弥补。

原则是基本真理，可以作为行动的基础，使你得到生命中想要的事物。你可以一次又一次在类似的情况下应用，帮助你实现目标。

——瑞·达利欧

Q2·如何克服选择性知觉，提升投资绩效？

人们通常只会看见他想看见的、听见他想听见的，而对于其他意见选择性忽略。

1. 日本持续实施 QQE 而且看不到尽头，是全世界目前撒钱量最大的国家，日本股市被资金潮汐推上去创新高是必然的。任何一个股市向上突破，一定会有媒体把利多找出来给你，但是你不需要每天搜集新闻，也可以判断出日经 225 指数持续朝多头前进。

2. 我们的判断方法是：趋势和时间已经决定了大多数目标表现，

那就是主人的走势，至于狗要怎么来回跑，就看它的肺活量有多大了。若你的能耐够，就可以来回跑多赚一些，不行就保持不要动，也可以赚很多。

3. **投资者保持不要动，直到趋势被扭转为止。**显然日经225指数的趋势毫无被扭转的可能性。2018年9月9日晚间，"安纳金国际洞察"发出的VIP专区报告已经发出可以买进日股的提醒。

4. **投机者顺着多头的大趋势建立基本的投机结构（大原则：多头只能做多，不做空），狗往下跑时多买一些，向上冲过头获利了结，指数不用创新高，你的账户总值就会不断创新高。**

5. **"现在还可不可以买？"我最不喜欢别人问这种问题，因为这是散户赔钱的主因。**2017年6月21日，MSCI表示要将A股纳入指数，我说要买好买满（从2017年5月8日买进后连续一个多月建议买进），6月21日的A50指数是11 000点，至今没有人赔钱。但是看到涨了半年别人赚了50%以上再问能不能买的人，注定要赔钱。这与目标无关，是心态；思维决定选择，选择决定命运。

6. 散户的宿命在于他们还没选择前就已经知道最后结果，因为这是由思维决定的。我日日夜夜所付出的努力，就是为了扭转散户的思维。**只要思维能够扭转，结果就会变好。心态正确，无论你到哪里，做什么选择，终究都会很好。**

Q3 · 为何此时持股上限 40% 不能再加码?

从 2018 年 9 月 19 日开始,我已经不再建议大家追价买进股票(原持有的美股＋日股＋台股,合计总持股上限为 40%,2018 年 9 月 20 日再度降低持股上限到 30%),这个判断是如何形成的?

如果你单纯只做台股,是看不出哪里条件改变了。但你若综观全局,就会发现美国 10 年债收益率近期快速弹升,目前(写作本书时)已经来到了 3.08%。

如果你是法人,以目前美债收益率持续上升的状况到 2018 年底可能逼近 3.5%,若台股持续上涨则股息收益率会降低(写作本书时的平均股息收益率约 4.2%),甚至低于 4%。若法人必须考虑买进之后持有一年的状况,你认为法人会如何评估呢?

或许你觉得台股还会涨,买进有利可图,但是请问你买在 11 000 点的台股,出场的规划是什么?赚 5% 出场吗?如果实际上只赚到 3% 就往下急杀 10%,你会不会因不甘心而不停损,一年后变成负 30% 离场呢?相反,你买美债持有一年基本上大约有 3% 以上的收息,若明年景气转差而美国降息,你又会赚到额外的债券价格上涨的资本利得。

并不是说现在不能买股而要买债,而是提醒你股市已经要涨最后一波，你握有 30% 的持股就够了（还有另外 10% 的原油相关 ETF，涨得甚至比股市还快）。现在还不能买美国公债，因为公债还要杀最后一波。**股市翻空而债券翻多的死亡交叉点没人敢站出来保证哪一天出现，但我希望那一天出现时，你的投资组合已经做好了万全的准备。**

唯有你综观大局，才能真正做出好的决策。

Q4·股市的顶尖高手与狮子有何雷同？

我的观点如下：

1. 目前（到写书时）新兴市场股汇债濒临危机，几乎是靠美股的多头在支撑，全球股市尚未明显翻空。等到美股确定转弱，新兴市场将以崩跌的速度探底。然而，在 2018 年 9 月 12 日我曾提到，台股具有高股息收益率、汇率相对稳定等优势，只要跌落 10 800 点以下，就足以吸引外资买盘承接，2018 年 9 月 13 日外资继续买超 14.03 亿元。

2. **台股散户的第一层思考，通常是以所见所闻（眼界小的见闻，通常就是目前的股价走势，顶多以今年以来的 K 线图来观察价量）做判断**，2018 年 9 月 13 日，人气指标股被动组件龙头股国巨继续破底，而苹果概念股指标同时也是中国台湾地区第二大权重股鸿海持续下挫，因此认为台股走势将继续疲弱甚至探底。

3. **高手的第二层思考：通常以宏观的角度去看全景。** 以六大类资产的领先指标外汇市场而言，DXY 美元指数 2018 年 9 月 12 日走弱，暗示国际紧张局势下降、新兴市场压力因此降低，以此可以判断 2018 年 9 月 13 日新兴市场股汇债应有跌深反弹（这是预期，需要观察实际市场的走势来验证）。实际上，2018 年 9 月 13 日亚洲新兴市场股市几乎全面上涨，尤其中国 A 股涨幅不小，然而反观中国台湾地区因为被动组件的杀盘而使台股没有涨。这就出现了一个"台股上涨反应不足"的偏差出现，创造了一个捡便宜的买进机会。

4. **高手的第三层思考：在纵观整体大局之下的战略思维与取舍。**

既然从第二层思考已经发现台股有超跌状况、随时可能补涨，那么是否要把握这样的机会，就要看自己的投资组合需不需要台股？自己的操作周期是多长？需不需要去把握这样短线的机会？也就是说，即便从第二层思考发现投资机会，也必须经过第三层思考的战略思维来决定要不要买。以孔明的足智多谋，要奇袭拿下任何一座城池不难，但为何他不会随便出手？关键就是战略思维：你要顾全大局，而不是短视近利。

5. 多数散户都停留在第一层思考，今天（2018 年 9 月 13 日）觉得被动组件很弱、苹果概念股很弱，必须停损，甚至破底可以做空。有经验的老手会做第二层思考，善用散户心态来从中获利，在散户杀出的时候捡便宜。顶尖高手则在制高点综观全局，将散户、老手们的思维看在眼里，但未必会采取任何行动。如果顶尖高手的投资组合需要台股，那么他们就会在9月13日再买进（就像外资买超14.03亿元）。不需要的话，再便宜也不会买。

6. **散户看着后视镜开车，有经验一点的老手看着眼前50—300米的地方开车，顶尖高手从制高点看着整体路况再决定要不要开车。**前两者运用的都是二度空间思维，只有顶尖高手运用的是三度空间思维。你必须习惯于看国际股市和外汇市场，这样基本上就会脱离二度空间思维，如果不行，练到行为止，因为这会让你脱离散户的层级而晋升到高手层级，这对你翻转一生的财富宿命来说，绝对值得投注时间去刻意练习。

回到本篇的主题：**股市的顶尖高手与狮子有何雷同？**

主要有以下几点：

1. **尊重与顺应自然法则。**即便狮子为万兽之王，也尊重物竞天择、适者生存的自然法则。对那些新手（弱者）和老手（强者）的思维和行为，股市的顶尖高手总能了如指掌，市场上每天老手对新手的弱肉强食，他们虽看在眼里但并不干预。如瑞·达利欧在《原则》中所说的：**"演化是宇宙中唯一最强大的力量，唯有它是永恒的，**

它推动一切。"自然法则中唯一不变的就是变，让生态维持平衡，而且通过竞争与淘汰机制来达成集体进化，才是最大化整体生态圈福祉的目标，任何违抗自然法则的行为，从整体生态演化的大局上来看，终将毫无帮助。

新手唯一要做的就是不断强化自身竞争力，天道酬勤，市场自然会给那些更具竞争力的人以良好回报。股市若缺乏淘汰机制而让所有不事生产的懒惰者获利，将伤害劳动市场平衡，使整体社会资源错置，世界终将付出更惨痛代价。

2. **享受真正的自由。**就体型与力气而言，狮子在动物界并非是最大的，也不是行动最快速的，但是它们很清楚自己所追求的是什么：自由（自由地徜徉在大草原上享受阳光，享受漫步于森林里的惬意悠闲，并且**一无所惧**）。它们位居整个食物链的最上层，能轻而易举猎杀绝大多数的动物，然而它们只有在需要的时候猎食，从不因为能力强就豪取强夺。

"任弱水三千，只取一瓢饮"，诠释出真正的自由。唯有最具能力、充分了解自己的生物，才能掌握选择的权利，享受真正的自由。狮子显然是广大草原上最自由的动物。

多数人对狮子的描述放在猎食上，然而狮子的核心价值在于自由；多数人把人生自由的焦点放在财富上，而顶尖高手则把自由的重点放在自由本身。人类显然是比狮子具有更高智慧的物种，而且可能是极少数**能够站在更高层次反思的动物**。虽然人类和狮子并列于食物链上层，但爱与慈悲心将二者区分出来。尊重自然法则并且享受真正的自由是亘古不变的大原则，在这些原则的基础之上，我们可以是一只愿意让别人站在我们肩上看得更远的狮子，让生态圈里的其他动物因为我们的付出而往更美好的方向进化。因此，我们所能够做得比狮子多太多，只要你愿意。

愿善良、智慧与你我同在！

Q5 · 如何理解投资之路是零到无限大的累积？

当你在夜晚仰望满天的星斗时，或许映入你眼帘的，是一个又一个"星座"，它们相互聚集在一起，仿佛永恒相依。它们闪闪发亮，陪伴你在漫漫长夜里不孤单。

距离和能力都是相对的，时间也是。活在二维空间里的蚂蚁忙碌着寻找食物时，无法体会到三维空间里的人类是如何生活的，没遇到人类的蚂蚁，甚至不知道人类和它们生活在同一个时空。我们无法让蚂蚁理解一年有多长，或者人类与它们之间的距离有多远，因为物种的差异，蚂蚁对时间和空间的感受，并不是我们所能理解的。

以我最喜欢的猎户座来说，从地球上的视角来看，它们仿佛聚在一起。实际上，它们彼此之间的距离有数百光年甚至上千光年。比如，它们当中离地球最近的一颗恒星与地球的距离有 430 光年之远（闪闪星光，是以光速走了 430 年之久才到了你的眼里），而猎户座每一颗恒星之间的距离或许大过了我们从地球看到它们的距离。浪漫一点说，**缘分让我们生活在同一个时空里，可以看见彼此，而在浩瀚无垠的宇宙中，我们肉眼看不见的星球又比看得到的多太多。在我们一生中遇不到的人又比遇得到的人多太多太多。**

我的好友杨大说："好的经验、坏的经验，都是经验。"我说："**好的缘分、坏的缘分，都是缘分，当你把不好的经验和缘分转化成处世智慧时，它们就会成就一个更有智慧的你！**"

愿纪律、智慧与你我同在！

Q6·"恒产与格局"是指什么？

1. 为什么时间拉长，跨六大类资产的总净值会不断上升呢？这就是我说的潮汐的力量，只要全球的资金宽松，全球的货币供给总量增加，价格就会被资金向上推升，这样的力量不是任何人可以阻挡的。善用潮汐的力量，在涨潮期间持续逢低买进任何因为波动而到谷底的资产，就是绝大多数投资大师（包括巴菲特、查理·芒格、霍华德·马克斯、瑞·达利欧）绩效长期遥遥领先于凡夫俗子的关键。我们要去感受这种原则，亲身体验这种原则，悟透这种原则，让它成为伴我们一生的投资核心原则。

2. "抱着不动就好了。"这听起来很简单，但为什么多数人做不到？因为即便潮汐属于涨潮阶段（自2008年金融海啸到现在，全球央行的资金总量至今还在增加，没有退潮），但几次较大的回调波浪，就足以让股市一部分投资人熬不过去。以图2为例，很少台股散户能够在从9 220点跌到6 609点的过程中不动如山，在从10 014点跌到7 203点的过程中也是。

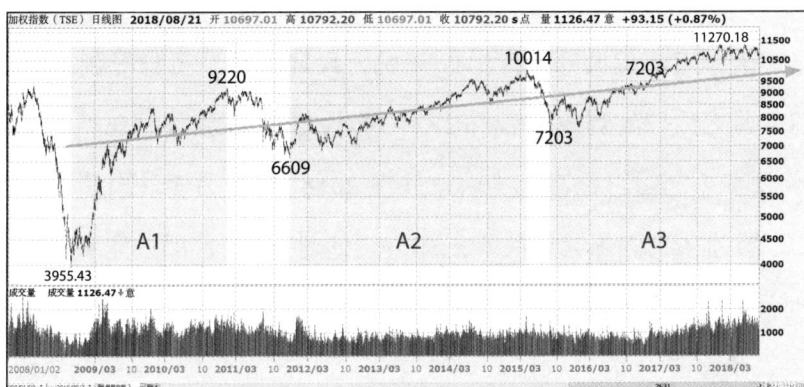

图2 台股指数2008年1月—2018年8月21日的日K线图（采用对数坐标）

数据源：XQ操盘高手

3. 为何"长期投资"这件事情这么难？除非是资产达数亿元以上的规模，即便损失 3 000 万也完全不影响生活质量的人，才做得到（我周遭确实有不少这样的人，他们确实可以做到，但你不行，因为无恒产者，必无恒心）。因此，我给一般人（总资产在 3 000 万元以下的人）稳操胜算的建议并不是 100%"长期投资"，而是"波段投资"，也就是在图 2 中的 A1、A2、A3 期间买进持有，尽可能避开较大的回调修正波（在上述的两次较大修正波中，跌幅约 30%，持有 1 亿元以上投资体量的人保持不动，最大损失会超过 3 000 万元）。

4. 若要做到"波段投资"趋吉避凶，势必需要动态调整持股水平。比如，2018 年 1 月下旬，我建议减码两成持股。2018 年 3 月 1 日，美国宣布提高部分产品的关税，我建议将总持股降到 20% 以下（4 月之后拉高到 50%）。2018 年 6 月，我再次建议将总持股降到 20% 以下（之后再拉高到 30%，并在 2018 年 10 月 5 日出清所有持股）。因为，我们永远无法事先知道"绝对高点"，那只能事后隔一段时间后才能被确定下来，但我们可以知道"相对高点"。2018 年初以来，我建议的每一次减码，都是在接近相对高点前一周持续提醒。

5. 同理，2018 年初以来，我也持续在"相对低点"出现的前几天，持续建议逢低分批承接。这无关预测，只关乎"纪律"，只要相信人性的贪婪和恐惧永远存在，那么你就永远可以低买高卖，通过控制持股结构，从散户的贪婪和恐惧中来获取利润。而这种"控体量"的方式并不需要盘中看盘，而是前一天晚上就可以预挂好，让市场自己去帮你成交。盘前预挂，会比盘中看盘再下单的价位好很多（但盘前预挂单必须分散日期，分批进行）。

6.高手并不是先知（预知未来走势），而是通过有纪律地控体量，让自己在相对高股价区的持股相对较少，在相对低股价区的持股相对较多。如此，根本不需要指数创新高，随着时间的推移，你的资产总值自然就会创下新高。唯有亲自和我走过这一趟，你才会明了，如果继续和我走过未来两年，你就会清楚看出自己和散户总资产的差异（尤其经过一次空头洗礼之后，差距会一次性大幅拉开）。当然，我再次强调，如果你是资产总值非常高的投资者，有恒产因此可以有恒心，请你在潮汐没有退潮之前，保持不动就好。这样的人，若真的遇到退潮会有感觉的，而且知道资金应该要往哪里去，因为这些人的财务格局够大，能够在各大类资产之间自由移动，因此才会成为资产上亿元的人。如果你现在没有这样的习惯和格局，请你现在就开始养成。

你终究会懂"高手的养成"名称的由来，《高手的养成》前两本书只是导论，我说过，投资高手只能从实战中学习、从 PDCA（规划、执行、检讨、修正）过程中一步步累积，不可能看几万篇网络文章就获得能力。很庆幸，我们已经一起走在这条道路上，而且我确信一两年后的你，会与散户的格局相差十万八千里，其他人大概需要 20 年的资历（经历过两次景气循环，或者破产两次）才会顿悟这些道理。

愿纪律、智慧与你我同在！

Q7 ·"最佳策略"是指什么？

1. 上文提到，因为无恒产者必无恒心，一般人（总资产在 3,000 万元以下的人）稳操胜算的方式并不是靠 100%"长期投资"，而是靠"波段投资"。若要做到"波段投资"趋吉避凶，势必需要动态调整持股水平，让自己在相对高股价区的持股相对较少，在相对低股价区持股相对较多。如此，指数根本不需要创新高，随着时间的推移，你的资产总值自然就会创下新高。

2. 就"策略"而言，长期投资、波段投资、短线投机相比较，各自的特点如下：

长期投资：买进并长期持有，大跌大买，小跌小买，目标是长期累积到最大的资产总值，就像存钱一样，除非有资金需求，才卖出一小部分股票变现，不然就是一直存有。目前市场上流行的"存股"就采用此原则，目标是靠每年的配息成为被动收入来源，达到财富自由。

波段投资：在图 3 的 A1、A2、A3 阶段持有，通常到每一个阶段的后期，持股上限会降低，借以避开较大的回调修正波（A1 至 A2 之间、A2 到 A3 之间的大跌，都是先从涨多回吐开始，之后基本面有疑虑，因此进入长达 4—10 个月的回调）。在指数大跌之后，指数愈往下，逐步分批承接愈多。

短线投机：目标是利用每一次的明显波动，低买高卖而获利。例如，在图 3 中，在每一次指数接近上升趋势线支撑时买进，在向上靠近压力区时卖出，每一次都有 5% 左右的空间。

图 3 台股指数自 2017 年 8 月 31 日—2018 年 8 月 30 日的日 K 线图（采用对数坐标）

数据源：XQ 操盘高手

以上三种策略的优缺点比较如表 1 所示。

表 1　长期投资、波段投资、短线投机三种策略的优缺点

	优点	缺点
长期投资	不用判断市场行情走向，只要有钱就买，大跌大买，小跌小买。若在持续能够创新高的国家股市（例如美股）长期投资则复利效果最佳，会赚取到整个上涨趋势	因为不管市场多空，就是一直买，很可能在较大的回调修正波当中，资产损失达 30% 而感到痛苦。若是 2000 年科技泡沫或 2008 年金融海啸的空头，可能会在损失超过 50% 之后亏光。法人或大户资金够多，可以这样做，但是散户可能在多头时期很开心，一次大空头就完全失去信心
波段投资	在每一次景气大循环（每 7—10 年一次）当中的 3 个不同涨升阶段（A1、A2、A3）获取到每一段 30%—50% 的利润	由于持股结构是渐进式调整的，因此涨势来到后期因为持股水平降低，所以赚的速度比不上 100% 持股。当股市大跌的幅度远超过常态时，若分批承接的速度过快会有较大损失
短线投机	不用管基本面到底如何，只要逢低买进，逢高卖出，每一次赚取指数 5% 以上波动的利润（有些人觉得 5% 区间太小，获利有限，因而使用期货杠杆操作来放大投资体量）	需要花较多时间看盘、下单。为了达到低买高卖的效果，同样也必须分批买进，分批出场。若体量太小，获利有限；若体量过重，也可能会在某几次超乎预期的下跌时出现较大损失。风险管控、资金管控成为输赢的关键（但散户通常这方面做得最糟）

任何策略都有两面性，有优点必有缺点，完美的策略并不存在，

只有适不适合自己罢了；倚天剑和屠龙刀，在不懂运用的人手里，只会弄伤自己。此外，别人赚大钱所使用的策略，或许只是当时的市场阶段有利于该策略，但是你没看到后来市场不利于该策略时，对方的损失有多惨。如果你看到别人运用某一种策略赚大钱（而且开始大肆宣扬）时，往往代表那个市场阶段快要过了，相反的阶段随时可能来临，这也是为何市场上不乏曾经赚到大钱的人，但最后带着满满财富离开股市的人并不多的原因。

5. 为什么安纳金不教你一种投资策略就好？你现在应该明了，没有只凭一招一式可以长存股市的，那些只想要靠一种方法赚到大钱的人，或许会赚到大钱，但最后肯定会赔掉大钱。你必须看透这些不同策略之间的利弊，在对的市场阶段采用合适的策略，在市场风向转变之后，改用别种策略。安纳金实际实行的策略，大约20%长期投资、30%波段投资、10%短线投机，这些投资在不同账户内独立进行，且随着景气的不同阶段，配置比重会调整，还有40%是其他策略（未来会另外详述）。

见天地，才会知道自己的渺小；遇过高手，才会知道自己的不足。

给你看六十四手，是让你明白，人外有人，山外有山，拳不能只有眼前路，没有身后身。

——电影《一代宗师》经典对白

愿纪律、智慧与你我同在！